बिना दरवाज़े का मकान

रामदरश मिश्र

राजकमल पेपरबैक्स

राजकमल पेपरबैक्स में
पहला संस्करण : 1994
चौथा संस्करण : 2023

राजकमल पेपरबैक्स : उत्कृष्ट साहित्य के जनसुलभ संस्करण

राजकमल प्रकाशन प्रा. लि.
1-बी, नेताजी सुभाष मार्ग, दरियागंज
नई दिल्ली-110 002
द्वारा प्रकाशित

शाखाएँ : अशोक राजपथ, साइंस कॉलेज के सामने, पटना-800 006
पहली मंजिल, दरबारी बिल्डिंग, महात्मा गांधी मार्ग, प्रयागराज-211 001

वेबसाइट : www.rajkamalprakashan.com
ई-मेल : info@rajkamalprakashan.com

बी.के. ऑफसेट
नवीन शाहदरा, दिल्ली-110 032
द्वारा मुद्रित

मूल्य : ₹ 199

BINA DARVAZE KA MAKAN
Novel by Ram Darash Mishra

ISBN : 978-81-7178-313-7

रामदरश मिश्र

रामदरश मिश्र का जन्म 15 अगस्त, 1924 को जिला गोरखपुर, उत्तर प्रदेश के डुमरी गाँव में हुआ। आपने एम.ए., पी-एच.डी. की डिग्री हासिल की। आप लम्बे समय तक अध्यापन से जुड़े रहे और दिल्ली विश्वविद्यालय से प्रोफेसर के रूप में सेवानिवृत्त हुए।

आपकी प्रकाशित रचनाएँ हैं—'पथ के गीत', 'बैरंग बेनाम चिट्ठियाँ', 'पक गई है धूप', 'कंधे पर सूरज', 'दिन एक नदी बन गया', 'जुलूस कहाँ जा रहा है', 'आग कुछ नहीं बोलती', 'बारिश में भीगते बच्चे', 'आम के पत्ते', 'कभी कभी इन दिनों', 'मैं तो यहाँ हूँ', 'रात सपने में', 'मैं तो यहाँ हूँ', 'समवेत' सहित दो दर्जन काव्य कृतियाँ; 'बाज़ार को निकले हैं लोग', 'हँसी ओठ पर आँखें नम हैं' सहित कई ग़ज़ल-संग्रह; 'पानी के प्राचीर', 'जल टूटता हुआ', 'सूखता हुआ तालाब', 'रात का सफर', 'अपने लोग', 'आकाश की छत', 'आदिम राग', 'बिना दरवाजे का मकान', 'दूसरा घर' सहित डेढ़ दर्जन उपन्यास; 'खाली घर', 'एक वह', 'बसंत का एक दिन', 'आज का दिन भी', 'एक कहानी लगातार', 'फिर कब आएँगे?', 'अकेला मकान', 'विदूषक', 'आखिरी चिट्ठी' सहित दो दर्जन कहानी-संग्रह; 'कितने बजे हैं', 'बबूल और कैक्टस', 'घर-परिवेश', 'नया चौराहा', 'लौट आया हूँ मेरे देश' (निबन्ध चयन); 'तना हुआ इंद्रधनुष', 'भोर का सपना', 'पड़ोस की खुशबू', 'घर से घर तक' (यात्रा-वृत्तांत); 'स्मृतियों के छंद', 'सर्जना ही बड़ा सत्य है' सहित कई संस्मरणात्मक कृतियाँ; सहचर है समय (आत्मकथा); 'आस-पास', 'बाहर-भीतर', 'विश्वास जिन्दा है', 'अपना कमरा' (डायरी); चौदह खंडों में रचनावली का प्रकाशन, आलोचना की ग्यारह पुस्तकें। कई चयन-संचयन।

आप 'भारत भारती', 'साहित्य अकादेमी', 'दयावती मोदी कवि शेखर पुरस्कार', 'शलाका सम्मान', 'व्यास सम्मान', 'सरस्वती सम्मान' सहित अनेक पुरस्कारों से सम्मानित हैं।

सम्पर्क : आर 38, वाणी विहार, उत्तम नगर, नई दिल्ली-110059

डॉ. महीप सिंह
को

लेखकीय

इस उपन्यास में कथा का कुछ हिस्सा लेखक के सामने घटित हुआ है, कुछ दीपा की स्मृतियों से होकर गुजरा है। जहाँ कथा दीपा की स्मृतियों से होकर गुजरी है, वहाँ अनेक पात्रों के संवादों की भाषा-शैली दीपा की अपनी भाषागत क्षमता के अनुरूप हो गई है।

1

"ह्राँ, हाँ, और छिपकर भागो दीपा, कोई देख न ले।"

आखिर उसे रुकना पड़ गया और सफाई देती बोली, "नहीं बीबीजी, भागने की कौन बात आ गई। जल्दी में थी, मेरा मरद अस्पताल में है।"

"वह तो रहेगा ही, तुम भी रहोगी। हराम का माल पचता थोड़े ही है!"

"नहीं, नहीं बीबीजी, आऊँगी, हिसाब कर दूँगी।"

"अरे, तुम आ चुकीं और कर चुकीं हिसाब! तुम लोगों के साथ नेकी करने का फल यही होता है।"

वह कुछ बोली नहीं, झटके से चली गई। पीछे से आवाज आई— "चोट्टी, हरामखोर!"

शब्द पीतल के बरतन की तरह उसके कानों से टकराकर झनझना उठे। लेकिन सच बात तो यह है कि अब यह झनझनाहट भी कम होती जा रही है। पहले कितनी जोर से बजते थे ये!

जाकर बस-स्टैंड पर खड़ी हो गई। उसे डर लग रहा था कि कोई दूसरी बीबीजी न मिल जाएँ, दूसरी के बाद तीसरी न मिल जाएँ।

गर्मी की चिलचिलाती हुई धूप! धूप में बस का इंतजार करते हुए लोग। एक बस आती थी तो जैसे वह भागने के लिए आती थी और लोग जैसे बस पर चढ़ने के लिए नहीं, उसे खदेड़ने के लिए आए हैं, उसके पीछे-पीछे दौड़ते थे। बस स्टैंड से कुछ दूर जाकर रुकती थी तो लोग दौड़ते हुए वहाँ पहुँचते थे। जब तक दो-चार आदमी चढ़ते थे, बस चल देती थी। रोज का यही खेल है, रोज की यही जिंदगी है। दीपा भी भागती थी और बस छूट

जाती थी।

हाँ, आज ज्यादा ही देर हो गई। आठ बजे बीबीजी ने बुलाया था, नौ यहीं बज गए। हाँ, वह झूठ बोली थी। अस्पताल थोड़े ही न जा रही है, वह तो कैंट जा रही है एक शादी में काम करने। जिन-जिनके यहाँ काम करती है सबसे यह झूठ बोल आई है कि उसका मरद अस्पताल में है, उसे रोज जाना पड़ता है, इसलिए वह आज काम पर नहीं आएगी। झूठ—हाँ, झूठ न बोले तो कोई आसानी से छोड़ेगा? पहले वह झूठ नहीं बोलती थी और उसे धीरे-धीरे लगने लगा कि झूठ बोले बिना जिंदगी नहीं चल सकती। सच बोलकर तो आदमी तेली के बैल की तरह जुता रहे और एक ही घेरे में सुबह से शाम तक जुआ कंधे पर डाले चक्कर लगाता रहे, कुछ होने-जाने का नहीं।

"क्यों भाई, नौ बजे की गाड़ी का क्या हुआ?"

"वह अभी तक नहीं आई।" एडवांसर रटा-रटाया जवाब देकर आगे बढ़ गया।

काफी लंबी लाइन बस के इंतजार में खड़ी बुदबुदा रही थी। दो-चार युवक लाइन के आगे चक्कर काट रहे थे। ये सबसे पहले चढ़ेंगे। लाइन लगाने से इनका कोई वास्ता नहीं। ये रोज ही यह करते हैं। इनके लिए कायदे-कानून बेकार की चीजें हैं और बेकार की चीजों के पालन के लिए यदि इन्हें कहा जाए तो कहनेवाले की खैर नहीं। लोग आदी हो गए हैं और सभी लोग अलग-अलग हैं न। अलग-अलग बुदबुदाएँगे सभी, लेकिन मिलकर ऐसी हरकतों का प्रतिरोध नहीं करेंगे। अकेला आदमी इन चार-पाँच के समूह से टकराए तो खैर नहीं।

"अब तो नौ बीस की ही बस आएगी।"

"उसका भी क्या भरोसा?"

"यार, रोज का यह हाल है। है कोई सुननेवाला! ऐन दफ्तर के समय की गाड़ियाँ मिस हो जाती हैं और डी. टी. सी. को इसकी कोई चिंता ही नहीं। अक्सर दफ्तर में लेट हो जाते हैं। अफसर की डाँट खानी पड़ती है।"

"यार, कोई कहनेवाला भी तो नहीं। सभी लोग मिलकर डी. टी. सी. की ऐसी की तैसी कर सकते हैं लेकिन नहीं, सभी लोग यहाँ खड़े-खड़े बुदबुदाएँगे, करेंगे कुछ नहीं। डी. टी. सी. हो चाहे और कोई व्यवस्था, जब

तक उसे एक बड़े समूह से टकराहट का भय नहीं होता, कुछ नहीं करती।"

"कौन करे? आप करेंगे?"

"हाँ, मैं करूँगा, चलिए आप लोग मेरे साथ। लीजिए आज की छुट्टी और चलिए चलते हैं शादीपुर।"

लोगों ने अब गौर से देखा इस व्यक्ति को।

"आपका शुभ नाम?"

"छोड़िए यह सब। मेरी जन्म-कुंडली और दिनचर्या से आपको क्या मिलेगा? आप लोग साथ दे सकते हों तो मैं अभी बस से लड़ाई शुरू कर सकता हूँ। बोलिए, आप लोग तैयार हैं?"

सभी लोग चुप रहे। वह मुस्कराया और हाथ में पकड़ा हुआ अखबार पढ़ने लगा।

··· मइया मैनूँ लाल बख्श दे ···

सामने माइक से जय माता के गीत उठ रहे थे। विशाल भगवती जागरण होनेवाला है। विज्ञापन के लिए तंबू लगाकर माताजी का चित्र प्रतिष्ठित कर दिया गया था। वहाँ पुजारी के तौर पर आधुनिक वेश-भूषा में एक युवक बैठा हुआ था। लोग जाते थे, पैसे चढ़ाते थे और वह युवक प्रसाद देता था।

··· मइया मैनूँ लाल बख्श दे ···

दीपा सुनती है तो उसके भीतर कुछ कचोटने लगता है। लगता है वही माताजी के सामने झोली फैलाए खड़ी है।

'मेहरबान, कदरदान, मरद की मरदानगी नहीं तो ज़िंदगी में कुछ भी नहीं। ··· जड़ी-बूटियों से तैयार किया गया यह टॉनिक पीजिए और बीवी को खुश रखिए। सपनदोष हो, बच्चा पैदा न होता हो, ज़िंदगी उदास हो गई हो, बीवी चिड़चिड़ी होती जाती हो तो मेहरबान, कदरदान, यह टॉनिक ले जाइए, और महीने-भर में ही इसका कमाल देखिए, पत्थर को भी ··· देंगे ···'

स्टैंड के पीछे की ओर से माइक पर आवाज गूँज रही थी। एक छोटे-से तंबू के नीचे तमाम जड़ी-बूटियाँ और दवाएँ रखे हुए एक हकीम टाइप का पहलवान बैठा था। उसकी बगल में उसका चेलानुमा एक लड़का था। उसे घेरकर काफी लोग खड़े थे। लाइन में कुछ लोग बुदबुदा रहे थे, "अच्छा धंधा

है।" दूसरा बोला, "हाँ, तभी तक यह धंधा है, जब तक समाज अंधा है।"

"और उसे आप क्या कहेंगे?"

एक ने देवी-जागरणवाले तंबू की ओर इशारा करते हुए कहा।

"अरे, उससे इसका क्या मुकाबला साहब? वह दैवी विभूति है और यह सांसारिक ठगी।"

"मुकाबला है क्यों नहीं? दोनों ही संतान बाँट रहे हैं—एक हवाई चमत्कार से, एक गलत दवाओं से। दोनों इसके बदले पैसा बटोर रहे हैं। दोनों ही दुखी जन की कमजोरी का फायदा उठा रहे हैं।"

"आप नास्तिक मालूम पड़ते हैं।"

"छोड़िए इस प्रसंग को। असल चीज तो यह है कि हमारी बस नहीं आ रही है। यहाँ नास्तिक और आस्तिक दोनों एक ही दर्द भोग रहे हैं। इलाज यही है कि बस आ जाए।"

"नौ बीस भी तो हो गए!"

"अरे साहब, एडवांसर कह रहा है कि नौ बीसवाली बस को भी सेक्रेटेरिएट से आना था, अभी आई नहीं। लगता है, खराब हो गई है। अब नौ चालीस की ही बस जाएगी।"

"और वह भी नहीं आई तो?"

"नहीं, वह तो वहाँ खड़ी है। इसका जाना निश्चित होता है।"

"यानी आज फिर चालीस मिनट लेट होंगे।"

"सो तो होंगे ही।"

"मेहरबान, कदरदान · · ·"

दीपा की इच्छा हुई कि एक बोतल टॉनिक इस हकीम से ले ले। टॉनिक—वह एक कल्पना में डूब गई। उसकी गोद में एक नन्हा-मुन्ना खेलने लगा—हाँ, एक बोतल ले ही ले। लेकिन अभी लेकर क्या करेगी, अभी तो उसका मरद बीमार है। जब अच्छा हो जाएगा तब के लिए। बार-बार उसके ध्यान में एक छोटा-सा नन्हा-मुन्ना आ जाता था। सामने की दुकान के आगे एक बहुत गदबदे बच्चे की फोटो दिखाई दे रही थी। वह उसे देखने लगी।

"बस आई, बस आई।" शोर हुआ। वह कल्पना से जागी। लाइन टूट गई और पीछे खड़े लोग बस पर चढ़ने लगे। एक अजीब भगदड़ मच

गई। लोग एक-दूसरे के ऊपर गिरते-पड़ते बस में चढ़ने लगे। कुछ लोग लाइन तोड़नेवालों को गालियाँ देने लगे—"आखिर बस में लटकना ही था तो घंटा-भर पहले लाइन लगाने से क्या फायदा?"

दीपा भी आगे से पीछे हो गई और धकियाती हुई बस पर चढ़ने लगी। उसे लगा कि कोई हाथ उसकी छाती से टकरा रहा है। उसने झटककर फेंक दिया। किसका हाथ है, इस भीड़ में कहाँ दिखाई पड़ता है। इसमें किसी के अलग हाथ, पाँव, दिल-दिमाग की पहचान नहीं हो पाती, यहाँ तो केवल भीड़ होती है।

एक - दूसरे पर लदे हुए लोग हिचकोले खाते जा रहे थे। गंदे नाले के भीतर से जोर का भभका आया। कुछ लोगों ने नाक पर रूमाल रख लिए, बाकी लोग अभ्यस्त हो गए हैं।

एक पढ़ी-लिखी महिला लेडीज सीट के पास आकर खड़ी हो गई। लेडीज सीट पर मुस्टंडे बैठे हुए थे। किसी ने उसे बैठने को नहीं कहा। तब तक एक कामवाली आई। बोली, "छोड़ो जी, यह जनानी सीट है।" किसी ने ध्यान नहीं दिया। वह दुगुने वेग से चीखी—"सीट छोड़ो, यह जनानी सीट है।" लोग मुस्कराए और चुप रह गए। दीपा भी वहीं खड़ी थी। बोली, "काहे को चीखती हो, यहाँ कोई सीट नहीं छोड़ेगा।"

"अरे, छोड़ेगा कैसे नहीं?" और वह उस सीट के एक आदमी का हाथ खींचकर बोली, "उठ रे, सरम-लेहाज नहीं रह गया है। जनानियाँ खड़ी हैं और तू कहने पर भी नहीं उठ रहा।"

उसने अपना हाथ छुड़ाकर कहा, "हट भाग, नहीं उठता। औरत होकर हाथापाई कर रही है।"

"जब तू मरद होकर औरत बना हुआ है तो औरत को मरद बनना ही पड़ेगा—उठ!"

पहले जो लोग व्यंग्य से मिसकी मार रहे थे वे अब सकते में आ गए। कुछ लोगों ने उस आदमी को राय दी कि 'उठ जाओ भाई, काहे को औरत से उलझते हो।'

"मैं नहीं उठता।"

"उठेगा तो तेरा वह भी!" कहकर उसने उसकी बाँह पकड़ ली और

झटके से सीट से बाहर खींच लिया।

वह मध्यवर्गीय बाबू जो पहले तैश में था, अब कुछ शर्मिंदा-सा दीख रहा था। वह इस औरत से हाथापाई भी नहीं कर सकता था और उसने उसकी ताकत भी देख ली थी।

"ले, बैठ बाबा!" अपनी झेंप मिटाने के लिए उसने कहा।

उसने दीपा की ओर मुड़कर कहा, "बैठ छोरी।"

"नहीं-नहीं, तुम बैठो, ताई!"

"मैं भी बैठूँगी, अभी इसको भी उठाती हूँ।"

"लो, बैठो दुर्गाजी!" कहकर वह दूसरा आदमी अपने आप खड़ा हो गया।

वह बैठ गई।

"बहुत जोरदार हो, ताई!" दीपा ने कहा।

"अरी छोरी, सीधी अँगुली घी नहीं निकलता। अपने हक के लिए हम नहीं लड़ेंगे तो क्या दूसरा कोई लड़ेगा! अरी छोरी, हमने इन मरदों के बड़े जुलुम देखे और सहे हैं और जब तनकर खड़ी हो गई न, तब इनकी ताकत भी देख ली।"

दीपा को अच्छा लगा। लगा, जैसे उसे ताई से वह ताकत मिल रही है जिसकी उसे जरूरत थी।

"तू कहाँ जाएगी, छोरी?"

"कैंट जा रही हूँ।"

"अच्छा, अच्छा, वहाँ काम करती है?"

"हाँ, दो-तीन दिन के लिए वहाँ एक काम है।"

"अच्छा, मैं तो यहीं उतरूँगी।" कहकर वह खड़ी हो गई और आगे को बढ़ गई।

"बड़ी बेहूदा औरत थी।"

"बड़ी झगड़ालू थी। कमीनी को मरद का हाथ पकड़ते शरम भी नहीं आई।"

"अरे, सरकार इन्हें चाहे कितना भी लिफ्ट दे लेकिन कहीं संस्कार बदलता है?"

"हाँ साहब, खून का असर थोड़े ही न जाता है।"

दीपा को बुरा लग रहा था। मगर क्या करे?

"अरे तो जब वह थी, तब आप लोग क्यों चुप थे?"

एक आवाज आई। दीपा ने देखा—यह वही आदमी है जो बस-स्टैंड पर लोगों से उलझ रहा था।

"अरे, वह क्या खा जाती? नीचों के मुँह लगना नहीं चाहिए, इसीलिए हम चुप रहे। झगड़ालू नीच औरत।"

"मुझे तो बहुत अच्छी लगी थी।"

"अरे साहब, आपको क्यों नहीं अच्छी लगेगी? आपसे उलझी होती तो मालूम पड़ता।"

"मैं उससे उलझता ही नहीं। मैं सीट पर बैठा होता तो उसे देखते ही उठ जाता। आखिर यह लेडीज सीट है।"

"है तो क्या हुआ? क्या इनकी बपौती है?"

"तो सरकार से लड़िए जनाब कि इनकी सीट आरक्षित न करे। जब तक आरक्षित है, इनका उस पर अधिकार है ही।"

"आरक्षण के मारे तो हम लोगों का जीना दूभर होता जा रहा है। ऊँची जातियों के योग्य से योग्य लोग धक्के खाते हैं और शेड्यूल और बैकवर्ड क्लास का होना ही इनकी सबसे बड़ी योग्यता बन गई है। नौकरी इन्हें मिले, पदोन्नति इन्हें मिले।"

"अरे साहब, ये चाहे कितने भी बड़े पद पर पहुंच जाएँ, इनका छोटापन नहीं जाएगा।"

"अरे साहब, सुना है आप लोगों ने? नजफगढ़ में एक घटना हो गई है।"

"क्या, क्या?"

"अरे साहब, स्कूल में शेड्यूल कास्ट की एक लड़की पढ़ती थी। वह चोर थी। चोरी में पकड़ी गई तो प्रिंसिपल ने उसे सज़ा दी। लड़की का बाप पुलिस में कांस्टेबल है। वह अपनी ही जाति के सब-इंस्पेक्टर के साथ स्कूल पहुँचा। प्रिंसिपल स्कूल से निकल रही थी, गेट पर ही उन्हें पीट दिया।"

"औरत को पीट दिया?"

"हाँ साहब, पीट दिया। इनको औरत की इज्जत-आबरू से क्या मतलब?"

"इनके खून में ही नीचता होती है।"

"क्यों साहब, सदियों से बड़ी जातियों के लोग इनकी औरतों को बेइज्जत और पीड़ित करते आए हैं, वे तो बहुत अच्छे हो गए और अगर एक हरिजन ने अपनी बेटी के प्रतिशोध में प्रिंसिपल को पीट दिया तो वह बहुत कमीना हो गया, हालाँकि उसने हरिजन होने के कारण नहीं, पुलिसवाला होने के कारण उस महिला को पीटा है। इसमें पुलिसवालों का चरित्र बोल रहा है।"

"अरे, जाने दीजिए साहब, आप तो उलटी ही बात बोलते हैं। मैं भी पुलिस में था। क्या सारे पुलिसवालों का चरित्र खराब होता है? यह तो छोटी जाति का संस्कार खराब होता है।"

"साहब, आपको मैं जानता नहीं। पता नहीं आपका क्या चरित्र रहा है। किंतु आपसे पूछना चाहता हूँ कि बिहार में जिन पुलिसवालों ने इतने कैदियों की आँखें निकाल ली हैं, क्या वे सब हरिजन थे? देश में प्रशासन के बड़े-बड़े पदों पर क्या हरिजन हैं? फिर देश का पतन क्यों हो रहा है? क्या सारे बड़े-बड़े पूँजीपति हरिजन हैं जो देश का रक्त-मांस चूसकर कंकाल बना दे रहे हैं?"

"देखिए आप मेरे चरित्र पर लांछन लगा रहे हैं, ठीक नहीं होगा।" अपने को सिपाही कहनेवाला व्यक्ति तड़पा, "मैं आपसे कहता हूँ ···"

"आप मुझसे कुछ मत कहिए। आप बहस नहीं, झगड़ा करना चाहते हैं।"

कई लोग हँस पड़े।

"अरे, मैं कहता हूँ—इसमें हरिजनों का कौन-सा दोष है। सरकार वोट लेने के लिए इनके सामने चारा डालती रहती है। भ्रष्ट तो सरकार हो गई है। समय से कोई काम नहीं करती, जरूरतमंदों को चीजें नहीं मिलतीं, महँगाई बढ़ाती जा रही है, गुंडागर्दी का बोलबाला है। इस सरकार का कोई विरोध करता है तो ये छुटभैए ससुरे शराब और पाँच-पाँच रुपये पर बिककर सरकार को जिता देते हैं।"

और फिर सरकार और समाज का निंदा-पुराण शुरू हो गया। छोटी दाढ़ीवाला एक स्वस्थ व्यक्ति चुपचाप इनके पास खड़ा इनकी बातें सुनता रहा।

सरकार कुछ नहीं करती ···

"और तू करता है अपना काम?" उस दाढ़ीवाले ने उसके चेहरे पर अपनी आँखें धँसाकर पूछा।

"अरे, मैं इसमें कहाँ आ गया?"

"क्यों नहीं आ गया? तू क्या सरकार और समाज से बाहर है? तुम्हीं लोग तो उस सरकार के पुर्जे हो जो भ्रष्ट हो गई है। तुम लोग अपनी सीट पर कितने घंटे बैठते हो? कितना काम करते हो? हमेशा काम टरकाने के चक्कर में लगे रहते हो। कभी चाय की दुकान पर बैठोगे, कभी लॉन पर। कभी कमेंटरी सुनोगे, कभी हड़ताल करोगे। सरकार तो तुम्हीं लोगों के जरिए काम करेगी न!"

उस व्यक्ति और उसके साथियों की बोलती बंद हो गई। उन्होंने गौर से इस आदमी को देखा और महसूस किया कि इससे टकराना व्यर्थ है, यह हर तरफ से भारी पड़ेगा।

दाढ़ीवाले के चेहरे पर एक दृढ़ निर्भीक हँसी थी। बोला, "अरे, मैं तो एक सैद्धांतिक बात कह रहा हूँ, कोई आप लोगों से दुश्मनी थोड़े ही है। यह है कि औरों को दोष देने से पहले हमें अपने भीतर झाँक लेना चाहिए। जहाँ सारा समाज ही भ्रष्ट हो गया हो वहाँ कौन, किसे दोष देगा?"

"हाँ, भाई, यह तो ठीक है।"

एक सीट खाली होते ही एक जवान आदमी पीछे से धकियाकर उस पर बैठ गया और सीट के पास खड़ा एक बुजुर्ग-सा व्यक्ति देखता रह गया। बैठने के बाद उस आदमी ने बुजुर्ग की ओर देखा, फिर सिर झुका लिया। फिर देखा, फिर झुका लिया। फिर देखा और खड़ा हो गया और बुजुर्ग से बोला, "आप बैठिए।"

"नहीं, नहीं, आप बैठ गए तो बैठे रहिए।"

"नहीं नहीं, आप बैठिए।"

"नहीं, आप बैठे रहिए।" कहकर बुजुर्ग ने उसका कंधा दबाकर उसे

बैठाना चाहा।

"नहीं नहीं, मैं बैठ नहीं सकता। आप खड़े रहें और मैं बैठा रहूँ, यह नहीं हो सकता।"

आखिर उस बुजुर्ग को बैठना पड़ा।

क्या अजीब बात है, यही आदमी इस बुजुर्ग को धक्का मारकर पीछे से आकर बैठ गया और यही इसे ठीक से पहचानकर सीट पर बैठा-बैठा परेशान हो गया, जैसे उसकी आत्मा उसे धिक्कारने लगी हो। कितना जटिल है आदमी? किंतु यह जटिलता आती कहाँ से है, बाहर से, परिस्थितियों से। उसने धक्का मारकर सीट ले ली, क्योंकि जानता है कि इस परिस्थिति में धक्का मारकर ही सीट ली जा सकती है। वह नहीं लेता तो कोई और ले लेता और सीट तो चाहिए। किंतु सामने बुजुर्ग को देखकर उसके भीतर का एक दूसरा पहलू जाग गया। कुछ देर तक द्वंद्व रहा, फिर उसने निर्णय ले लिया।

बड़ी अजब भीड़ थी। तीन और दो सीटोंवाली प्राइवेट बस थी। प्रायः सीटों पर चार और तीन लोग बैठे थे, इसलिए गैलरी में जगह ही नहीं रह गई। बड़ी मुश्किल से लोग गैलरी में चल पाते थे।

"अरे, पाँव क्यों कुचल रहा है?"

"आप लोग रास्ते में टाँग अड़ाए बैठे रहेंगे तो आदमी जाएगा कहाँ से?"

"जहन्नुम में जाओ!"

"तुम जाओ जहन्नुम में, तुम्हारा चेहरा वहाँ जाने लायक लग रहा है।"

संयोग से वह आदमी काना था। उसने समझा कि उसकी कुरूपता पर हमला हो रहा है। बिगड़ खड़ा हुआ।

"हे साला, मेरा चेहरा बखानता है?"

"अरे, गाली दोगे तो दूसरा परगना भी गायब कर दूँगा।"

हँसी की एक लहर आई।

वह एकाक्ष तनकर खड़ा हो गया। एक तीसरे आदमी ने बीच-बचाव के खयाल से उस एकाक्ष का कंधा पकड़कर उसकी सीट पर बैठाना चाहा। उस एकाक्ष ने समझा कि यह झगड़ा करनेवाले का ही आदमी है। उसने एक

मुक्का उसके मुँह पर मारा। वह आदमी मुँह में पान की गिलौरी भरे था। पच्च से उसकी पीक पिचकारी की तरह मुँह से निकली और एकाक्ष के सीने पर जम गई।

चारों ओर जोर की हँसी पड़ी। लेकिन एकाक्ष मिमियाने और गाली देने लगा, "अब मैं कैसे आफिस जाऊँगा?"

पानवाला अब बोला, "भाई साहब, आप अपनी करनी की सजा खुद पा गए। मैंने तो कुछ किया नहीं।" और हँसने लगा।

वह एकाक्ष तिलमिलाकर रह गया और अगले स्टैंड पर उतर गया।

बहुत देर तक लोग हँसते रहे।

"अरे, धक्का क्यों मार रहा है रे?" एक मोटी औरत ने चिंचियाकर कहा। वह गैलरी की ओरवाली सीट पर बैठी थी।

"मैं कहाँ धक्का मार रहा हूँ, आपको धक्का मारकर मुझे अपनी देह तोड़वानी है?"

"क्या कहा, हरामजादे तूने?"

"देखिए माँ जी, गाली मत दीजिए।"

"माँ? मैं तेरी माँ लग रही हूँ?"

लोगों ने पचास साल की उस मोटी औरत की ओर उझक-उझककर देखा और मुस्कराने लगे।

"गलती हो गई, आपको माँ जी कहा। दरअसल आप मेरी बेटी लग रही हैं!"

"बेटी? मैं तेरी बेटी हूँ, कमीने! एक तो धक्का मारता है, दूसरे बेटी बना रहा है।"

"ओहो, तो मैं आपको क्या कहूँ?"

"आपको औरत से बात करने की तमीज नहीं है?" एक दूसरे सज्जन ने बीच में टाँग अड़ाई।

"अच्छा तो आप मसीहा बनकर आए हैं? बनकर आए हैं तो पहले इन्हें समझाइए कि औरत की तरह बोलना सीखें।"

"अरे यह हरामजादा जब से खड़ा है तब से मेरे ऊपर गिरा आ रहा है।"

"देखिए मसीहाजी, अपनी इस औरत की जबान देखिए और इनका शरीर देखिए जो सीट से आधा बाहर निकला हुआ है।"

लोग हँस पड़े और वह मसीहा खिसक गया।

"अरे भाई, भीड़ में धक्का तो लगता ही है। जिसे धक्के से इतना परहेज हो वह टैक्सी कर लिया करे।" एक आदमी बोला।

"तो कर ले। तू ही काहे नहीं टैक्सी कर लेता है?"

"मैं क्यों कर लूँ? जिसे धक्के की शिकायत हो वह करे।"

केंकेंकें ··· अँअँअँ ··· और एक धक्के के साथ बस रुक गई।

"क्या हुआ, क्या हुआ?"

ड्राइवर एक सायकिलवाले को गाली दे रहा था।

"अच्छा तो कोई सायकिलवाला सामने आ गया था। उसी को बचाने के चक्कर में उसने ब्रेक लगाया।"

"अरे, साले सायकिलवाले होते ही ऐसे हैं, तभी तो मरते रहते हैं।"

"ड्राइवर की कुशलता कहनी चाहिए कि उसने उसे बचा लिया।"

घिर्र ··· अ घिर्र ··· अ ···

"क्या हुआ, भाई?"

"गाड़ी खराब हो गई।"

"लो, हो गई न छुट्टी!"

ड्राइवर उतर गया, "उतरो भाइयो, गाड़ी खराब हो गई।"

लोग उतर गए। हो गया आज कल्याण, लोग आनेवाली बसों के इंतजार में कंडक्टर को घेरकर खड़े हो गए।

दीपा का स्टैंड करीब आ गया था।

2

दीपा घर लौटने लगी तो आठ बज रहे थे। थककर चूर हो गई थी।

सुबह जाते ही झाड़ पड़ी थी कि दिन-भर का वसूल करोगी तीस रुपए और आठ बजे की जगह दस बजे पहुँच रही हो। खैर, उसने बस की दुहाई

देकर काम करना शुरू किया था और दिन-भर मशीन की तरह काम करती रही थी। बीच-बीच में मालकिन की डाँट-डपट भी खाती रही थी। अब तो इस प्रकार की जिंदगी जीने की आदत पड़ गई है। डाँट-डपट खाकर तीन दिन में नब्बे-सौ रुपए बन जाएँगे। क्या बुरा है। यह शादियों का मौसम है। जनकपुरी में इस सीजन में काफी काम मिल जाते हैं। काम तो उसे अपने मोहल्ले में भी मिल जाता है लेकिन वहाँ काम करने से उन लोगों को पता चल जाता है, जिन लोगों के यहाँ रोजाना का काम करती है।

उसके मन ने कई बार सवाल किया कि क्या बार-बार झूठ बोलकर कई-कई दिन तक लोगों के काम छोड़े रहना ठीक है? कभी वह तबियत खराब होने का बहाना बनाती है, कभी मरद को अस्पताल ले जाने का बहाना बनाती है, कभी किसी संबंधी के यहाँ जाने का बहाना बनाती है, कभी कहीं और जाने का बहाना बनाती है। बहाना? हाँ, बहाना तो बनाती है। माना कि वह बीमार भी होती है, मरद को अस्पताल भी ले जाती है, रिश्तेदारों के यहाँ जाना भी पड़ता है और तब छुट्टियाँ लेनी पड़ती हैं किंतु जब ऐसा नहीं होता, जब कहीं और कमाई का धंधा पकड़ लेती है तब? तब इन चीजों के नाम पर छुट्टी मार लेना बहाना नहीं तो और क्या है?

बहाना है तो रहे। बहाना उसके लिए मजबूरी बन गया है तो क्या करे? वह किसी की चोरी तो नहीं करती, अपनी इज्जत तो नहीं बेचती। दो आदमियों का पेट भरने के लिए हाड़-हाड़ तोड़ती है। इसके लिए थोड़ा बहाना बनाना कोई पाप तो नहीं हो गया?

"लो भइया, अरे सारी खुराफातें अब अमीरों के लड़के कर रहे हैं। लड़कियाँ तो छेड़ते ही थे; आवारागर्दी तो करते ही थे, अब डकैती और चोरी भी करने लगे हैं।"

"क्या हुआ?"

"देखिए सांध्य टाइम्स में छपा है—बैंक डकैती में दो व्यापारियों और दो अफसरों के बेटे गिरफ्तार।"

"हाय, बाप पर क्या बीतती होगी?"

"क्या बीतती होगी, बाप कम बड़ा चोर होगा? बाप ज्यादा डकैती करता होगा। हाँ, शराफत का नकाब पहनकर। नहीं तो साहब, इतने पैसे किसी

के पास केवल मिहनत से कैसे आ सकते हैं ?"

"ठीक कह रहे हैं, ठीक कह रहे हैं। नेता, अफसर, व्यापारी, जितने बड़े, उतनी ही बड़ी चोरी, और चोरी का उतना ही बड़ा बचाव। और साहब, चोरी, बेईमानी और चरित्रहीनता की सारी तोहमत गरीबों पर लगाई जाती है।"

दीपा को इस समाचार से थोड़ी राहत मिली। उसे अपने बहाने को पुष्ट करने का एक आधार मिला। हाँ, सच ही तो है, इतने पैसे इन लोगों के पास कहाँ से आते हैं ? वह कितने घरों के कितने रंग देख चुकी है। बाहर इनकी कितनी चमक-दमक है और घर के भीतर? बाबा रे, बाबा!

"आहि रे माई !"

उसने घूमकर पीछे की ओर देखा। एक मरद को थामे हुए एक उदास औरत बैठी थी। मरद कँहर रहा था। औरत ने पूछा, "बहुत दरद हो रहा है !" मरद केवल कँहर रहा था। उसके चेहरे पर बदहवासी थी और बार-बार अपना सिर इधर-उधर पटक रहा था।

दीपा को लगा कि उसका मरद ही उसके सामने बैठा छटपटा रहा है।

तीन सीटोंवाली बर्थ पर वह औरत अपने मरद के साथ बैठी थी। एक आदमी उठ गया तो थोड़ा और सरककर उसने अपने मरद को थोड़ा लिटा दिया।

"हे औरत, थोड़ा और आगे सरको और मरद को बैठा दो।" सीट पर बैठने का उम्मीदवार एक बाबू कह रहा था।

"बाबू जी, इनकी तबियत खराब है।"

"खराब है तो टैक्सी से ले जाओ। यह बस है, लोग सीट पर बैठेंगे ही।"

"अरे बाबू, अपने भागि में टैक्सी कहाँ लिखल बा।" कहकर उसने मरद को बैठा दिया और वह बाबू बहुत बेशरमी से बैठ गया।

दीपा को अपने मरद के साथ की अस्पताल-यात्राएँ याद आ गईं। कितनी विपत्ति भोगनी पड़ती है बस से मरीज को अस्पताल ले जाने में। बस और अस्पताल दोनों मुसीबत के घर हैं। पैसेवाले कितने सुखी हैं कि टैक्सी में मरीज को बैठाया और पराइवेट डाक्टर को दिखाकर फट से घर लौट आए, चाहे पराइवेट असपताल में भरती करा दिया। यहाँ तो मरीज को घसीटते हुए

घर से बस स्टैंड तक आओ, बस की मुसीबत सहते हुए धक्का-मुक्की में मरीज को स्टैंड पर उतारो, वहाँ से फिर घसीटते हुए अस्पताल तक ले जाओ और फिर अस्पताल का क्या कहना? उसकी मुसीबतों से तो रोएँ थर्रा जाते हैं।

स्टैंड पर उतरी। चौकन्नी थी कि कोई मालकिन न मिल जाए। वही सवाल पूछेगी कि कहाँ रही? और वह कोई झूठ बोल देगी। स्टैंड पर फलों की दुकान थी। इच्छा हुई कोई फल ले ले। लेकिन बार-बार उसके हाथ पैसे के पास जाकर लौट आए और वह गलियों से होती हुई अपने घर को लौटने लगी।

घर आकर देखा, उसका पति कराह रहा है। सूनी आँखों से उसे देखा। यह भी नहीं पूछा कि दर्द आज ज्यादा है क्या? क्या पूछना? यह दर्द तो पति की जिंदगी का अंग बन गया है। उसने स्टोव सुलगाया, चाय बनाई। पति को दी और खुद पी। थोड़ी ताजगी महसूस हुई। फिर मरद के सिर पर हाथ रखकर देखा। देह गरम थी।

"दवाई नहीं ली क्या?"

"ली तो है।"

"हे भगवान!" उसने लंबी उसाँस ली।

नहाकर रोटी सेंकने बैठ गई, "लो, खा लो।"

"भूख नहीं है, दीपा!"

"तो भी कुछ खा लो। ऐसे भूखे पेट बीमारी से कैसे लड़ोगे?"

"हाँ, लगता है कि हम लोग लड़ने के लिए ही पैदा हुए हैं। मैं बीमारी से लड़ रहा हूँ और तुम गरीबी से लड़ रही हो। लड़ तो तुम्हीं रही हो, मैं तो निकम्मा लेटा हुआ तमासा देख रहा हूँ। मैं मरद हूँ, मेरा नाम बहादुर है, लेकिन लगता है तुम्हीं मरद हो। लगता है कि मेरी परवरिस करने के लिए तुम्हीं ने मेरी बाँह पकड़ी है। यह सब देखा नहीं जाता, दीपा! इससे तो अच्छा था कि मैं मर जाता।"

दीपा ने रोटी बेलना रोक दिया। क्षण-भर स्तब्ध-सी बैठी रही। सामने स्टोव की लपट शोर करती हुई उठती रही। फिर फफककर रो पड़ी।

बहादुर ने दीपा की ओर देखा। कुछ क्षण देखता रहा।

"मैंने तुम्हें रुलाई के सिवा दिया क्या है? फिर भी कहता हूँ, मत रो दीपा, मत रो। मैं नहीं रहूँगा तो तू ज्यादा सुखी रहेगी।"

"चुप नहीं रहोगे?" दीपा तड़पी और दौड़कर बहादुर के सीने पर भहरा पड़ी। बहादुर ने उसे बाँहों में लपेट लिया और खुद रोने लगा।

कुछ देर तक दोनों फफकते रहे। फिर झटके से दीपा ने अपना सिर उठा लिया और सख्त नेत्रों से देखती हुई बोली, "खबरदार, यदि ऐसी जबान बोली तो। मैं कहीं कटकर मर जाऊँगी।"

खाना खिलाकर दीपा ने बहादुर के घाव में पट्टी बाँधी, फिर दवाई पिलाई, उसकी चारपाई बाहर निकाली और उसकी बगल में दूसरी चारपाई पर सो गई। उसने देखा, बहादुर सो गया था। वह थकी थी, फिर भी नींद नहीं आ रही थी। और ये लो, भगवती-जागरण शुरू हो गया। देवी मइया की पूजा को लोगों ने तमासा बना लिया है। दिन-भर काम करो, रात को सो भी न पाओ। न जाने कहाँ-कहाँ से चीजें जोंकों की तरह आकर उसकी चेतना से चिपटी जा रही थीं।

कितनी गर्मी है। हवा बंद है। मच्छर काट रहे हैं। चिंता लगी रहती है कि कोई अंदर घुसकर अरतन-बरतन, कपड़े-लत्ते न निकाल ले जाए या कोई कुत्ता ही घुस जाए। टाट के दरवाजे की क्या बिसात! सोते-सोते उसकी नींद टूट जाती है कि कोई अंदर घुस तो नहीं गया। किवाड़ लग जाय तो कुछ चैन पड़े। लेकिन किवाड़ लगे कहाँ से? किसी तरह मकान के नाम पर एक कमरे का ढाँचा तैयार करा लिया, अब किवाड़ के पैसे कहाँ से आएँ?

उसने देखा, बहादुर बेखबर सो गया है। सोए में रह-रहकर कराह रहा है। घाव टीसता होगा। कितनी तकलीफ झेल रहा है यह? सोचने लगी—कितने दिन हो गए इस तरह की जिंदगी जीते। और तब से मैं कितनी अकेली पड़ गई हूँ? जब कभी बहादुर मेरी ओर देखकर अपनी बेबस जिंदगी का इजहार करता है तो मेरी छाती फट जाती है। कभी-कभी मैं भी बहादुर पर झल्ला जाती हूँ। आखिर क्या करूँ मैं? लगातार बीमारी में होनेवाला खर्च, रोजी-रोटी का खर्च, घर से आनेवाली पैसे की माँग और अब मकान जो बनवाया, उसका कर्ज। सभी तो दिमाग पर चढ़े रहते हैं और तिस पर बाहर जब कोई बेइज्जत करता है तो टूट जाती हूँ, बिखर जाती हूँ, आपे में नहीं रहती और बहादुर की

छोटी-सी बात में भी झल्ला जाती हूँ। मकान ने मुझे और भी बेइज्जत कर दिया है। बेइज्जती से बचने के लिए मकान बनवाया सो बेइज्जती गले पड़ गई। लोगों ने अपने-अपने खाली प्लाटों में छोटी-छोटी गुमटियाँ बनवा रखी हैं। बारी-बारी से कई में रह चुकी। बारी-बारी से सबमें से निकाली गई। जो कोई भी नाराज होता, आकर बाहर निकाल देता। निकलने के लिए मौका भी नहीं देता। और नाराज होने के भी क्या-क्या कारण होते हैं? किसी के काम में देर हो गई, कुछ दिन छुट्टी पर चली गई, किसी का बेगार नहीं कर सकी, किसी को कम पैसे पर दूसरी कामवाली मिल गई, उसे कमरा चाहिए। अब कोई बताए कि मैं नौकरानी हूँ तो क्या मुझे अपने घर पर कोई अपना काम नहीं पड़ सकता? दोस्त हित के यहाँ जाना पड़ता है, अपनी तबियत खराब हो सकती है, मरद को अस्पताल ले जाना पड़ता है, तर-त्योहार के दिन अपना घर देखना पड़ता है। लोग काम पर लगाकर समझते हैं कि खरीद लिया है। उस दिन तो हद हो गई। बहादुर की तबियत ज्यादा खराब हो गई थी, दिन-भर उसकी देखभाल करती रही। दूसरे दिन लेकर सफदरजंग अस्पताल गई। तीसरे दिन उसकी हालत खराब हो गई। चौथे दिन खुराना साहब के यहाँ पहुँची तो देखते ही उनकी औरत उबल पड़ी, "हरामखोर, रहती है मेरी कोठरी में, पैसे भी जमकर लेती है और तीन दिन से सादी का काम कर रही है।"

मैंने उन्हें बहुतेरा समझाया, "मैं किसी की सादी में काम करने नहीं गई थी। बीमारी की वजह से नहीं आई थी।" लेकिन वे नहीं मानीं और गालियाँ बकती गईं, "तेरी जाति ही ऐसी है, तुम लोग नरक के कीड़े हो। अपनी आदत से बाज नहीं आओगे। हरामखोरी तो तुम लोगों की रग-रग में भरी है।" खुराना साहब भी बीच-बीच में डंक मार रहे थे। मुझसे नहीं रहा गया—तड़प उठी, "देखिए गाली मत दीजिए, हरामखोर होती तो मेरी भी कोठी बन गई होती। बड़े-बड़े लोगों का हाथी निगलना कोई नहीं देखता, गरीब लोगों के पाँव तले चींटी भी मर जाती है तो लोग उन्हें हत्यारा कहते हैं। बीबीजी, हम अगर झूठ भी बोलते हैं तो अपने पेट के लिए, बड़े लोग झूठ बोलते हैं दूसरों की बरबादी के लिए।"

"बहस करती है, हरामजादी? दो टके की औरत बड़े-बड़े लोगों की

जिंदगी नापने चली है? निकल जा मेरे घर से और खाली कर दे मेरी गुमटी। आज ही और अभी।"

"रानी रूठेंगी अपना सुहाग लेंगी।" कहकर मैं भी तमककर खड़ी हो गई और यह कहती हुई निकल आई कि खाली कर दूँगी तुम्हारा कमरा। लेकिन अभी नहीं, दूसरी जगह खोजने के बाद।

लेकिन शाम को वे पहुँच गए पुलिस लेकर और मरद समेत घर का सारा सामान बाहर फेंकवा दिया। मैं खून के आँसू पीकर सबकुछ देखती रही। रात खुले आसमान के नीचे काटी। दूसरे दिन दौड़-धूप कर एक दूसरा कमरा लिया, लेकिन मन में ठान लिया कि अपना कमरा बनवाना ही पड़ेगा। जमीन का एक छोटा-सा टुकड़ा पहले ही ले रखा था। जहाँ-जहाँ काम करती थी, वहाँ-वहाँ कर्ज माँगना शुरू किया। कुछ लोगों ने मना कर दिया, कुछ लोगों ने दिया। जिन्होंने मना कर दिया था उनका काम छोड़ दिया। थोड़ा-थोड़ा कर्ज इन सबसे ले रखा था—खाने-पीने, बीमारी के नाम पर। इन लोगों ने कहा, हमारे पैसे चुका दो। कहाँ से चुकाती? दो-चार बार वे दौड़े, फिर चुप हो गए। मैंने नए घर पकड़े, वहाँ से कर्ज लिए। इस प्रकार यह कमरा खड़ा किया। सबसे कहती रही कि महीने की तनखाह में से कटवाती रहूँगी, लेकिन हर महीने लोगों से चिरौरी करती कि अगले महीने से काटें। आधी तनखाह कर्ज में कटवाकर जीते कैसे? अकेली कमानेवाली, मरद की बीमारी का लगातार खर्च, और यह, और वह ...। आखिर कब तक चिरौरी करती, कटना तो था ही। महीने के ढाई सौ पाती थी, अब कट-कुटकर सौ रुपए मिलने लगे। समझ में नहीं आता था, क्या करूँ? दोपहर और शाम को तंदूर लगाना शुरू कर दिया। हे भगवान, देह मसीन हो गई है। चार बजे उठना, घर का काम निबटाना, फिर इस घर, उस घर काम करते रहना, दोपहर-साम तंदूर लगाना, फिर बहादुर की देखभाल करना। फिर बचता क्या? कुछ तो नहीं। वैसे खाने-पीने भर के लिए कमा ही लेती थी, लेकिन इस मकान ने कर्ज से लाद दिया है। ईमानदारी से यह कर्ज नहीं पाटा जा सकता इसलिए किसी का काम छोड़ दे रही हूँ, किसी से कह देती हूँ कि कर्ज पट गया। नौकरी करनेवाले लोग दो-चार बार टोक-टाककर चुप हो जाते हैं। सोचते हैं कौन बार-बार उसके मुँह लगे, लेकिन व्यापारी तो खून में से पैसा वसूल कर

लेता है। दो व्यापारियों से भी पैसे ले रखे हैं। वे तो जान को आ गए हैं। जब तक पूरा कर्ज चुक नहीं जाएगा, वे महीने का कुछ भी नहीं देंगे और काम छोड़ देने पर भरे बाजार में कपड़े उतार लेंगे। इसलिए बहुतों का काम छोड़ दिया लेकिन उनका काम नहीं छोड़ पाई। औरों से कह दिया कि एक फैक्टरी में नौकरी कर ली है जिसका जो कुछ मेरे पास निकलेगा, कमा-कमाकर दे दूँगी। लेकिन सही बात यह है कि अब मैं जनकपुरी में काम करने लगी हूँ और कभी-कभी सादी-ब्याह में किसी के यहाँ जुट जाती हूँ। इससे अच्छे पैसे मिल जाते हैं।

बहादुर खर्राटे भर रहा था। उसे एक बार गुस्सा आया—अच्छा मरद उसे भी मिला। लेकिन यह भी क्या करे बेचारा? ऐसा तो नहीं था। इतना हट्टा-कट्टा मरद इस तरह हो जाएगा, किसे मालूम था। इसके भीतर का दरद कौन समझेगा?

सो जाना चाहिए, कल सवेरे फिर वही चरखा सुरू होगा।

··· कि मइया मैनूँ लाल बख्श दे। ··· देवी जागरण जवानी पर था— ··· कि मइया मैनूँ लाल बख्श दे।···

दीपा को लगा कि किसी ने उसकी कोख में कोंच दिया है। सोचने लगी।—क्या मुझे एक 'लाल' की तमन्ना नहीं होती। मइया ने मेरी भी कोख भर दी होती तो मैं इस गरीबी में भी कुछ-न-कुछ खुसी पा ही जाती। इस जिंदगी में क्या है? क्या है जिसके लिए जिंदगी जीने का हौसला हो? कितने साल हो गए सादी हुए। मेरा दरद पहचानकर कभी-कभी बहादुर कहता है, "अच्छा ही है दीपा, अगर वह होता तो तुम्हारा बोझ और बढ़ जाता। एक बोझ तो मैं हूँ ही।" मैं लड़ पड़ती हूँ, "बच्चा कभी बोझ होता है? वह तो जिंदगी का सहारा होता है।" लेकिन बहस से क्या फायदा? अपनी तकदीर ही खोटी है तो सहारा कहाँ से मिलेगा? बहादुर की भी आँखें छलछला आती हैं। क्या मैं नहीं जानती कि उसके भीतर भी एक बाप का दिल तड़प रहा होगा!

··· कि मइया मैनूँ लाल बख्श दे ··· मइया कहाँ से लाल बख्सेगी, जब अपना करम ही खोटा हो। दिया तो था एक लाल। नहीं बचा।

उसके सामने उसकी जवानी के पहले दिन उग आए—बहादुर कितना

छैल-छबीला था। उसे देखकर आँखें अघा जाती थीं। मेरी सखियों में मेरे मरद की चर्चा बड़े रस के साथ होती थी और गरब से मेरा माथा उठ जाता था। याद आया अपना गाँव। मैं बहुत सुंदर नहीं थी, लेकिन जवानी फटी पड़ रही थी। मुझे देखते ही सास ने कहा था—अरे इतना सुंदर बेटा, यह लकड़ी का कुंदा कहाँ से उठा लाया? ननद ने भी हामी भरी। मैं सुहागरात को रोती रही, लेकिन बहादुर ने समझाया, "अरे कहने दो माँ को, तुम तो मेरी जान हो, मेरी जिंदगी हो। और माँ के कहे का बुरा नहीं माना जाता।" बहादुर के प्यार से मेरा दरद कम हो गया। लेकिन मुझे लगा कि इस घर में मेरी कोई इज्जत नहीं थी। कलूटी, कुंदा, बनरिन और न जाने क्या-क्या खिताब मिलते। और सास बहादुर को जोरू का गुलाम कहने लगी। बहादुर माँ का कहा तो सह लेता, लेकिन मुझे अलग से समझाता और मेरे बहते हुए आँसुओं को पोंछने की कोसिस करता। बहादुर अपने बाप के साथ खेतों में काम करता—कभी अपने खेतों में, कभी दूसरों के खेतों में और इधर सास और ननद दिन-भर मुझसे काम लेतीं और कोसतीं। मैं मसीन की तरह काम करती, सास की सेवा करती और फिर भी गालियाँ सुनती। मैं सोचती कि कहाँ आकर फँस गई हूँ।

सास गाँव घूमती रहती। कभी-कभी किसी के घर कामधाम के लिए भी चली जाती। ननद जवान हो रही थी। रूप और तंदुरुस्ती दोनों खूब पाई थी। उसकी चाल-ढाल अच्छी नहीं थी। वह बनती-सँवरती, खाती और सोती और खिड़की के पास खड़ी होकर मुस्कराती। कभी-कभी किसी काम के बहाने किसी के इसारे पर बाहर निकल जाती।

मैं ननद के ये लच्छन देख-देखकर दुखी होती थी। एक दिन ननद ने खाना माँगा। मैं किसी काम में उलझी थी। थोड़ी देर हो गई। ननद ने खाना उठाकर मेरे ऊपर फेंक दिया। मुझे गुस्सा आ गया। बोली, "देखो, इतना गुस्सा जहाँ जाना वहाँ दिखाना। मैं तुम्हारी भाभी हूँ, लौंडी नहीं।"

"चुप, हरजाई कहीं की!" ननद बिगड़ी।

"हरजाई? दुनिया जानती है कि हरजाई कौन है? मेरा मुँह मत खोलवाओ। तुम्हारे रंग-ढंग देखती हूँ लेकिन किसी से कहती नहीं हूँ। खबरदार, मेरे लिए ऐसे लफ्ज मत निकालना।"

तड़ाक् तड़ाक् ··· जब तक मैं सँभलूँ तब तक सास ने तीन-चार थप्पड़ लगा दिए। लगता है वह पास में ही छिपी सबकुछ सुन रही थी। ननद जोर-जोर से रोने लगी–'माई, यह मुझे रंडी, हरजाई, पतुरिया बोलती है !'

मैं पहले तो सकते में आ गई, फिर धीरे-धीरे सास की ओर सख्त नजरों से देखा। फिर बोली, "आज तो जो हो गया सो हो गया, आगे नहीं होना चाहिए।" और अपने कमरे में चली गई।

बाहर सास चिल्लाती रही, "आने दे बहादुर को और उसके बाप को। आज तुझे घर से निकलवाया नहीं तो मैं असल बाप की बेटी नहीं।"

साम को उन दोनों के आते ही घर में कुहराम मच गया। सास तुली थी कि या तो यह इस घर में रहेगी या मैं।

सबकुछ सुनने के बाद बहादुर चुप रहा। सास चिल्लाती रही, "अरे, जोरू का गुलाम, गबदू जैसा खड़ा क्या है ? तेरे जनमते ही मैं क्यों नहीं मर गई ? तुम्हें माँ से ज्यादा यह काले कुंदे जैसी औरत प्यारी हो गई है।"

"ठीक है माँ, सवेरे तक अपना फैसला सुना दूँगा।" कहकर वह मेरे पास आया। उसकी आँखों से आग निकल रही थी। उसने मुझे झपटकर उठाया और मैं भय के मारे 'आँय'–चिल्ला पड़ी।

"मार, मार हरामजादी को !" बाहर सास और ननद चिल्ला रही थीं। फिर पता नहीं क्या हुआ कि बहादुर ने मुझे ऊपर से पटक देने के स्थान पर धीरे-धीरे नीचे लाकर छोड़ दिया। और खुद नीचे धम्म से बैठ गया। फिर उठा और बाहर चला गया।

रात को आया तो मैं जाग रही थी। अब वह ठीक-ठाक लग रहा था। उसने खोद-खोदकर एक-एक बात पूछी, मैं बताती रही। वह कुछ बोला नहीं, सिर्फ 'हूँ-हूँ' करता रहा।

सवेरा हुआ तो वह मुझसे बोला, "अपने कपड़े-लत्ते सँभाल ले इस घर से जाने के लिए।" मरद का हुकुम सुनकर मैं सनाका खा गई। यह क्या हुआ ? मैं धीरे-धीरे सिसकने लगी।

फिर मैंने सुना—बहादुर सासजी से कह रहा था, "माँ, मैंने फैसला कर लिया, वह अब इस घर में नहीं रह सकती। आज ही और अभी यह घर छोड़ना पड़ेगा।" ननद ताली बजा-बजाकर हँसने लगी। सास ने कहा, "जुग-जुग

जियो, मेरे बेटे, लायक बेटा हो तो ऐसा।" लेकिन ससुरजी गंभीर बने खड़े रहे। बोले, "बेटे, इतना बड़ा फैसला करने के लिए पहले कुछ सोचा होता।"

"इसमें सोचना क्या है जी, ऐसी कुलच्छनी औरत को घर से निकालने में क्या सोचना?" सास ने कहा।

"हाँ, बापू!" ननद उछलती हुई बोली।

"चुप रह बेवकूफ कहीं की, बहुत चबड़-चबड़ नहीं करते।" फिर वे बहादुर से बोले, "बेटे, घर में कहा-सुनी होती रहती है। कौन-सा घर ऐसा है जहाँ चार आदमी रहते हों और तकरार न होती हो। इसका यह मतलब तो नहीं कि बिना सोचे-समझे घर की लच्छिमी को अकेले घर से बाहर निकाल दिया जाए।"

"मैंने खूब सोच-समझ लिया है, बापू! और उसे अकेले कहाँ निकाल रहा हूँ। मैं भी निकल रहा हूँ।"

बहादुर की यह आवाज सुनकर मैं चौंक गई। फिर खुशी की एक लहर मेरे भीतर दौड़ गई।

"क्या?" सास की चीख-सी निकल पड़ी।

"हाँ, माँ! अब लगता है कि इस घर में दीपा का निबाह नहीं होगा। मैं उसे लेकर दिल्ली जा रहा हूँ।"

सबका चेहरा मुरझा गया। सास रोने लगी। ननद भी चीखने लगी। लेकिन मुझे बड़ा मजा आ रहा था। बापू की आवाज सुनाई पड़ी, "लेकिन इस तरह बिना किसी इंतजाम के तुम बहू के साथ कैसे जाओगे बेटे?"

"इंतजाम मैंने कर लिया है, बापू! वहाँ मेरा एक दोस्त रहता है। वह इंतजाम कर देगा।"

और उस रोज बहादुर मुझे लेकर दिल्ली आ गया। यहीं उत्तम नगर में अपने दोस्त के यहाँ ठहरा। दोस्त मिस्त्री है। वह यहाँ बहुत-से मकान बना चुका है। बहुतों से पहचान है। एक खाली प्लाट में बनी हुई एक गुमटी उसने दिला दी। बहादुर से कहा, "रिक्सा चलाना सीख लो।" बहादुर सायकिल चलाना तो जानता ही था, जल्दी ही रिक्सा चलाने लगा।

कितने अच्छे दिन थे। मैं दिल्ली में पहली बार आई थी, सबकुछ नया-नया, अच्छा लगता था। बहादुर रिक्से पर बैठाकर कभी-कभी तिलक

नगर ले जाता था। कभी-कभी सिनेमा ले जाता था। इतने बड़े-बड़े मकान, इतनी सुंदर-सुंदर सड़कें, इतने मोटर, स्कूटर, सुंदर-सुंदर कपड़े पहने हुए इतने सुंदर-सुंदर मरद-औरत मैंने पहली बार देखे थे। मैं मरद के रिक्से पर बैठकर चलती तो लगता, हवा में उड़ रही हूँ। कितना अच्छा लगा था—न डायन सास, न कुटनी ननद, न तरह-तरह की बोली बोलनेवाले गाँव के लोग! बस, मैं और बहादुर और प्रेम से भरी हमारी रातें और दिन।

कुछ दिन बीतने पर मैंने बहादुर से कहा, "मैं भी कोई काम कर लेती तो अच्छा था। दिन-भर बेकार बैठी रहती हूँ। काम करने से समय भी कटता और आमदनी भी बढ़ जाती।"

बहादुर ने छाती में कसकर कहा था, "नहीं, काम करने के लिए मैं हूँ ही, तुम घर सँभालो। कुछ दिनों में मेरे बच्चे की माँ बनोगी, उसे सँभालना। उसे पढ़ाएँगे-लिखाएँगे। बच्चा होते ही तुम्हारे खाली-खाली दिन भर जाएँगे।"

मरद के प्यार के अभिमान में मैं फूली नहीं समाई। अपनी किस्मत को सराहती रही। लेकिन कब तक खाली बैठती। खाली बैठे-बैठे मुझे अपना मायका याद आने लगता। इधर ज्यादा ही याद आने लगा था। वह खुला-खुला गाँव, बाग-बगीचे, नदी का किनारा, फसलें और सबके बीच माँ और बापू का चेहरा। बहुत दिन हो गए वहाँ गए हुए, उन्हें देखे हुए। इच्छा होती, एक बार हो आऊँ लेकिन बहादुर की देखभाल कौन करेगा? और मरद को अकेले यहाँ छोड़ना भी ठीक नहीं रहेगा। कोई राँड़ मेरे मरद पर रीझ गई तो?

बहादुर से मैंने प्रस्ताव किया कि कुछ दिन के लिए हम दोनों बापू के यहाँ हो आते!

"नहीं, दीपा, अब सबकुछ भूल जाओ, अब यहीं की सोचो। अभी नई-नई जिंदगी शुरू की है न, लोग जानने लगे हैं। किसी को कहीं जाना होता है तो रिक्सा तैयार रखने के लिए कह जाता है। कहीं जाएँगे तो संबंध टूट जाएँगे। पता नहीं यह रिक्सा भी कोई दूसरा चलाने लगे। और फिर अपने घर न जाकर तुम्हारे बापू के घर चलेंगे तो बदनामी होगी। लोग कहेंगे कि दीपा ने अपने मरद को भेंड़ा बना दिया है और माँ-बाप से नाता ही तोड़वा दिया है। अब यहीं की बन जाने की सोचो, दीपा! देखो दीपा, माँ और बापू कितनी बार बुला चुके हैं लेकिन मैं नहीं गया। आज भी चिट्ठी

आई है।"

"अब क्यों नहीं बुलाएँगे? चार पैसे कमा रहे हो न।"

"हाँ, यह तो है दीपा, लेकिन बापू लालची नहीं हैं। माँ भले ही पैसे की खातिर याद करती हो, लेकिन बापू का प्रेम निखालिस है।"

"हाँ, बापू तो बहुत भले हैं। उनसे मिलने की मेरी भी इच्छा होती है लेकिन तुम्हारी माँ और बहन? बाबा, रे बाबा! यह तो तुमने हिम्मत न दिखाई होती तो मेरी जिंदगी नरक बन गई होती।"

"सवाल अच्छे-बुरे का ही नहीं है दीपा, आखिर वह माँ है, वह बहन है। इस रिस्ते को कौन तोड़ सकता है? और जब तक रिस्ता है उसे किसी न किसी तरह निभाना भी पड़ता है।"

"ठीक है, तो जाओ, हो आओ और जो कुछ कमाया-धमाया है, उनके अँचरा में डाल आओ।"

बहादुर हँसने लगा था। बोला, "जाना ही पड़ेगा। सामान तैयार कर लेना। कल चलेंगे।"

"तुम्हीं जाना, मैं नहीं जाऊँगी।"

"ठीक है। मैं अकेला ही जाऊँगा। तुम यहीं मौज करना।"

"ठीक है, तुम क्या समझते हो कि मैं अकेली नहीं रह सकती?"

"अकेली कैसे रहोगी? तुम्हारी जैसी जवान गदराई औरत भला अकेली रहने पाती है! बहुत-से यार-दोस्त बिना बुलाए चले आएँगे।"

"हाँ-हाँ, चले आएँगे तो आएँ, जब तुम्हें अपनी बीबी को अकेली छोड़ने में कोई सरम-लिहाज नहीं है तो बीबी ही लोगों को आने से क्यों रोकेगी? और क्या समझते हो, मैं घर में अकेली नहीं रहती और क्या समझते हो, तुम्हारे दोस्त लोग चुपके-चुपके सान-मटक्के नहीं मारते? मुझे तो लगता है कि औरत एक तरह से हर हालत में अकेली होती है।"

"मैं क्या करूँ, दीपा? तुम्हारी गदराई हुई जवानी ही ऐसी है कि सबकी नजर इस पर चिपक जाती है।"

"तुम कुछ मत करो। तुम दीपा को छोड़कर घर जाओ और सबकी गंदी नजरों को उससे खेलने दो और फिर लौटो तो गंदी नजरोंवाले दोस्तों से यह सिकायत सुनो कि दीपा तो ऐसी हो गई है, दीपा तो वैसी हो गई है।

और तुम्हारी निगाहें उसके प्रति सक्की बन जाएँ और एक दिन तुम उसे मार-पीटकर घर से निकाल दो और वे ही गंदे दोस्त फिर उसे बेस्या बनाने के लिए अपनी हमदर्दी देने लगें? क्यों, यही चाहते हो न?"

"अरे दीपा, तुम तो इतनी ऊँची-ऊँची बातें करने लगी हो। इतना सारा गियान, इतनी सारी अकल तुमने कहाँ पाई?"

"जिंदगी से पाई है। पड़ोस की मेरी भौजी थीं, उनके साथ यह घटा है। कितनी भली थीं, कितनी पतिबरता थीं लेकिन मरद हरामी मिल गया।"

"तो क्या तुम मुझे भी हरामी समझती हो, दीपा?" कहकर बहादुर ने मेरी आँखों में आँखें डाल दीं। एक अजीब गीला भाव था उन आँखों में। कुछ देर तक मैं देखती रही। फिर एकाएक उसकी छाती पर टूट पड़ी, "नहीं, ऐसे मत देखो, मेरे प्यारे! मैं मर जाऊँगी। तुम ऐसे होते तो मुझे घर के नरक से निकालकर क्यों लाते?" मैं उसकी छाती पर पड़ी-पड़ी सुबकने लगी। बहादुर ने बाँहों में भर लिया। जोर से कसकर होंठों पर अपने होंठ रख दिए। तड़ातड़ चूमने लगा। दोनों की गीली आँखें एक-दूसरे में समाई हुई थीं।

"नहीं, मैं तुम्हें अकेली छोड़कर कैसे जा सकता हूँ। मजाक कर रहा था, दीपा!"

"फिर ऐसा मजाक भी मत करना।" मरद ने सैकड़ों बार मुझे गोद में भरा था, मेरे अंगों से खेला था, लेकिन आज मरद की बाँहों में केवल नसा नहीं था, उसमें जैसे भीतर से फूटते हुए जल के सोते की ठंडक मिली हुई थी। आज की तृप्ति कुछ और तरह की थी। सोच रही थी—बहादुर कितना खुसबूदार मरद है—इसके तन में खुसबू, मन में खुसबू, जबान में खुसबू। हँसता है तो लगता है धूप बिखर गई है। कितना खुला हुआ है यह!

सड़ी हुई गंध दीपा की नाक से टकरा गई और साथ ही बहादुर के कराहने की आवाज आई। उसने मुड़कर बहादुर की खाट की ओर देखा, "क्या बात है?"

"कुछ नहीं, दर्द तेज हो गया है।"

यह रोज की कथा है। दीपा को अब कुछ नया नहीं होता। बहादुर के दर्द और बदबू की वह इतनी अभ्यस्त हो चुकी है कि बस पूछ लेती है, 'क्या हुआ?' लेकिन कभी-कभी बदबू का भभका आता है तो तिलमिला

जाती है। तब लगता है, घाव से पस का एक लोंदा निकला है। बहादुर जैसे अब एक घाव बनकर रह गया है और वह उस घाव की सेवा करनेवाली एक वफ़ादार औरत बनकर।

उसने उठकर बहादुर को सहलाया। सिर पर हाथ रखा। बहादुर ने उसका हाथ पकड़ लिया।

···कि मइया मैनूँ लाल बख्श दे !···कीर्तन का स्वर ऊँचाई छू रहा था।

दीपा के आगे एक लाल किलकने लगा। बहादुर ने उसकी हथेली को अपने हाथ में दबा लिया। दीपा भी हाँफने लगी। उसकी इच्छा हुई कि वह बहादुर के ऊपर गिरकर उसका हाड़-हाड़ तोड़ दे। बदबू का एक तेज झोंका फ़िर आया, उसे बहादुर की हथेलियों में बुखार की गरमी महसूस हुई। धीरे-धीरे उसका जोश ठंडा पड़ने लगा। उसने धीरे-धीरे अपनी हथेली छुड़ा ली और बच्चे की तरह पुचकारते हुए कहा–"सो जाओ। जिद नहीं करते।"

बहादुर रोने लगा।

"नहीं, रोते नहीं। मैं चाहती हूँ जल्दी ठीक हो जाओ और फिर अपने वे ही पुराने दिन लौट आएँ। सो जाओ प्यारे।"

बहादुर सिसकते-सिसकते दुबककर सो गया। वह अपनी खाट पर आ गई। अपने पर हँसी—हुँह, हाड़-हाड़ तोड़ दो। अरे, जहाँ हाड़ ही बचा हो वहाँ तो हाड़ से लड़ने में खुद ही लहू-लुहान होना पड़ता है, दीपा ! तू कितनी बार यह तमन्ना लेकर बहादुर के पास गई लेकिन अपने को ही मारने के सिवा तुझे क्या मिला ? तेरा जोस और भी घायल होकर जखमी पंछी की तरह फड़फड़ाता रहा, तड़फड़ाता रहा, तड़फड़ाता रहा ··· तड़फड़ ···।

3

दीपा रात को कब सोई, पता नहीं। लेकिन कितनी भी रात को सोई हो, सवेरे-सवेरे तो जाग ही जाना पड़ता है। खुले में दिशा-मैदान होना होता है और दूसरे, पास ही में सवेरे-सवेरे लाउडस्पीकर पर जो तेज-तेज आवाजों में

भजन-कीर्तन शुरू होता है, उसमें कोई सो सकता है क्या? अब तो आदत पड़ गई है। अब सवेरे-सवेरे क्या, रात-भर कुछ-न-कुछ चलता है। शुरू-शुरू में तो नींद ही नहीं आती थी। लगी हुई नींद लाउडस्पीकर की आवाज से ऐसे खट्ट से टूट जाती थी, जैसे किसी ने बिजली का तार काट दिया हो। तब तो दिन-भर खाली बैठती थी। दिन को सो लेती थी, इसलिए रात को जल्दी नींद नहीं आती थी। बहुत देर के बाद नींद लगती थी तो जैसे झटके से कोई तोड़ देता था। सोने की बहुत कोशिश करती थी, लेकिन टूटी हुई नींद रेत पर मछली की तरह तड़फड़ाती थी। बहादुर भी जाग पड़ता था। वैसे इसकी नींद बहुत गहरी होती थी और दिन-भर काम करने की थकान भी होती थी। और थकान-पर-थकान भी। मना करती थी, जानती थी थककर आया है, लेकिन वह नहीं मानता था और वह भी भीतर से कहाँ मना करती थी। क्या वे दिन मना करने के होते हैं! तब दोनों कितने जवान थे, कितने मस्त थे। कभी-कभी तो बहादुर इतना उतावला हो जाता था कि खाने-पीने के बाद बरतन तक नहीं माँजने देता था। उसकी मजबूत बाँहों में कसकर वह सबकुछ भूल जाती थी। और जब वे लोग थककर सोते होते तो सवेरे-सवेरे भजन-कीर्तन की करकस आवाज गोली दाग देती थी, लेकिन धीरे-धीरे सबकुछ सहने की आदत पड़ गई। अब उठती है इसलिए कि उसे उठना पड़ता है— अँधेरे में खुले में दिशा-मैदान से निपटना पड़ता है और फिर तैयार होकर घोड़े की तरह दिन के इक्के में जुतना होता है। लेकिन आज देह टूट रही है। उठा नहीं जा रहा है। किसी तरह उठी तो उजास फूट गया था। चारों ओर मरद और औरतें निबटने के लिए बैठे हुए थे। हवा के झोंकों में बदबू उड़ रही थी। उसका मकान बस्ती के किनारे है जिसके दो ओर तमाम खाली प्लाट बिखरे हुए हैं। कुछ लोगों ने अपने प्लाटों में डी. पी. सी. कराकर छोड़ दिया है। उससे एक आड़ बन गई है और यहाँ से वहाँ तक बेहशा का जंगल फैला हुआ है। निबटनेवालों को इससे बढ़िया जगह कहाँ मिल सकती है? वह क्या करे? किसे-किसे मना करे? कहा कौन मानता है? और नहीं तो जमादारनी भी मोहल्ले-भर का पाखाना यहीं फेंक जाती है। अब इसे भी सहने की आदत पड़ती जा रही है। गरीब आदमी को सहने की आदत डालनी ही होती है। इतनी सस्ती

जमीन उसे यहीं मिल सकती थी, जनकपुरी में नहीं। सस्ती जमीन के चारों ओर यह सब लगा ही रहेगा। और ये सभी लोग तो उसकी अपनी ही बिरादरी के हैं। इस खुले में न बैठें तो कहाँ बैठें? उसने तो अपना एक कमरा भी बनवा लिया, इनमें से ज्यादा लोग तो किराए की झुग्गियों में रहते हैं या सड़क पर ही सो जाते हैं। कहाँ जाएँगे ये लोग निबटने के लिए?

बहादुर को उठाया। उसका हाथ-मुँह धुलाया। चाय बनाई। चाय कड़वी लगी।

"आज भी कैंट जाओगी?" बहादुर ने पूछा।

"नहीं, वहाँ का काम खतम हो गया, आज यहीं जाना है। लेकिन हिम्मत नहीं हो रही है।"

"क्या हुआ?"

"देह टूट रही है, बुखार लगता है।"

"अरे नहीं, बोखार-सोखार नहीं होगा, हरारत होगी, ठींक हो जाएगी।"

"हाँ, मैं भी यही सोचती हूँ। देखो, देखती हूँ।"

और उसने आटा गूँधा। दो-चार मोटी-मोटी रोटियाँ सेंक लीं। आलू लाई थी, उसकी सब्जी छौंक ली। बहादुर के लिए कुछ रोटियाँ और सब्जी बरतन में रख दी और कुछ अपने लिए रखकर खाने बैठ गई। थोड़ा खाते-खाते रुक गई।

"क्या बात है?"

"नहीं खाया जाता, मुँह तीता लग रहा है।"

"यहाँ आओ।"

दीपा उठकर गई तो बहादुर ने उसकी कलाई पकड़कर बुखार देखा।

"तू क्या देखेगा, तेरी देह तो खुद ही गरम है। रोगी रोगी देखने चला है!"

दोनों हँस पड़े।

"तो आज कहीं मत जा दीपा, आराम कर ले।"

"आराम तो कर लूँ, लेकिन अभी कुछ मालकिन लोग पता लगाती पहुँच जाएँगी।"

"तो क्या करोगी, जान तो नहीं न दोगी?"

"हाँ, यह तो है।"

वह चादर ओढ़कर लेट गई। थोड़ी ही देर में वह बुखार में हल्के-हल्के कराहने लगी।

"अरे, दीपा!"

"देखो बहादुर, आ गई न ताड़का की चाची!"

"तुम चुपचाप पड़ी रहो।"

"अरे, दीपा!"

"कौन है?"

"अरे, दीपा कहाँ मर गई? कई दिन से नहीं आई।" कहते-कहते एक बूढ़ी औरत अंदर घुस आई।

"वह बीमार है, माँजी! देखिए बोखार में कराह रही है।"

"मैं तुम लोगों की नकल खूब समझती हूँ। कब से बीमार है?"

"कई दिन हो गए, माँजी!"

"कई दिन हो गए? कल उसे कहीं से आते हुए देखा था और तुम कह रहे हो कि बीमार है।"

"कल दवा लेने गई थी, माँजी!"

"अच्छा, छैल-छबीली बनकर दवा लेने गई थी। कल तो चटकती-मटकती आ रही थी, कोई और धंधा शुरू किया है क्या?"

"माँजी!" दीपा जोर से तड़पी, "खबरदार, आपने मेरे लिए ऐसी-वैसी बात की तो। कोई बाहर निकलेगा तो गंदी फटी गूदड़ी लपेटकर निकलेगा?"

"अरे तो इतना चीखती काहे को है? तू किस-किसकी जबान रोकेगी? सबके पैसे खा-खाकर बैठ गई है और किसी के यहाँ काम पर न जाकर सज-सँवरकर घूमती दिखाई पड़ेगी तो लोग क्या कहेंगे? ऐं? बोल, लोग क्या कहेंगे? अरे, सभी जानते हैं तेरा मरद सड़ रहा है, उससे तेरा जी नहीं भरता होगा। सज-सँवरकर जाने में दोहरा लाभ है न! पैसे भी मिलते होंगे और मजा भी।"

'ऐ बुड्ढी! अनाप-सनाप न बक'–दीपा मन-ही-मन बुदबुदाई लेकिन जोर से कह न सकी।

लेकिन वह बुड्ढी बके जा रही थी। बहादुर हाथ जोड़कर मना रहा था,

"माँजी, दीपा सचमुच बीमार है। बेचारी अकेली खटती है दिन-रात। बीमार पड़ जाती है। अच्छा हो जाऊँगा तो यह मुसीबत नहीं खड़ी होगी।"

"हुँह, अच्छा हो जाऊँगा। हो चुका तू अच्छा और यह कर चुकी सबका काम-धाम! अरे, तू बीमार है तो इसके तो मजे हैं। सबके पैसे ले-लेकर बैठ गई है और अब सबके काम छोड़कर रासलीला कर रही है।"

दीपा फनफना उठी। बुखार से उसका मुख यों ही लाल हो रहा था, गुस्से से और लाल हो उठा। वह चादर फेंककर खड़ी हो गई और बोली, "खबरदार, अगर आपने एक भी और गंदा लफ्ज मुँह से निकाला। हम गरीब हैं तो क्या हुआ, हमारी इज्जत है। आप लोगों के घरों को देखा है। देखा है, क्या होता है। कोई अपनी बहू जलाकर मार रहा है, किसी की बेटी किसी के साथ भागती है, किसी की बेटी मरद छोड़कर मायके में पड़ी होती है, किसी का मरद उसे रस्सी में बाँधकर मारता है, किसी का लड़का चोरी में पकड़ा जाता है, और क्या-क्या नहीं होता? बहुत साफ-पाक मत बनिए माँजी, मुझसे किसी का कुछ छिपा नहीं है। हम गरीब हैं तो दुनिया-भर की तोहमत हमारे ऊपर लगा दी जाती है और आप लोग कितना कुछ कर-धर के भी साफ-पाक बने रहते हैं। मेरा मरद बीमार है तो क्या, वही मेरा मरद है और मैं उसी के लिए जिऊँगी, मरूँगी।" वह हाँफ गई और धम्म से खाट पर बैठ गई।

"अरे, एतना गुमान! तू तो लगता है कामवाली नहीं हुई, वकील-बैरिस्टर हो गई। तू क्या है मुझसे कोई वास्ता नहीं, तुझे मेरा काम करना है तो ठीक से कर, नहीं तो पैसे वापस कर दे।"

"हाँ, हाँ, कर दूँगी।"

"कर दूँगी नहीं, अभी कर, अभी।"

"अभी कहाँ से कर दूँ? जब पैसे होंगे तो कर दूँगी।"

"तेरे पास तो पैसे कभी नहीं होंगे, तेरा ईमान मर गया है तो पैसे कहाँ से जुटेंगे।"

"माँजी, पैसे तो उसी के पास होते हैं जिसका ईमान खोटा होता है। मेरा भी होता तो मेरे पास भी पैसे होते!"

"काहे को बड़बड़ कर रही है दीपा," बहादुर ने डपटा, "जाइए माँजी, अच्छी हो जाएगी तो आपका काम करेगी। नहीं करेगी तो हम खाएँगे क्या?"

"बस समझ ले, तेरे कहे से जा रही हूँ। काम पर नहीं आई तो छाती पर चढ़कर पैसे वसूलूँगी।"

कहकर माँजी चली गईं।

"जा, जा चुड़ैल, मैं भी देखती हूँ। अरे, यह चुड़ैल एहसान नहीं मानती है कि मैंने इसके खानदान को बचा दिया। मेरी एक गवाही इनकी बरबादी के लिए काफी थी।" दीपा हल्के-हल्के बुदबुदाई और उठकर दरवाजे पर झूलते टाट के परदे के आगे एक खाट खड़ी करके उस पर चादर डाल दी।

"क्यों सबसे लड़ती है, दीपा! अरे, जब बुरे दिन आते हैं तब अपने को बहुत जब्त करना होता है। माँजी ने पैसे दिए हैं और उनके काम पर कई दिन से तू नहीं गई तो उन्हें यह सब कहने का हक तो बनता ही है।"

"खाक बनता है! वह चुड़ैल मेरी इज्जत पर कीचड़ उछालेगी और मैं चुप बैठी रहूँगी? इसके घर में क्या नहीं होता है, लेकिन मैं किसी से कुछ कहने जाती हूँ। क्या कभी तुमसे भी कुछ कहा है? अरे, यह चुड़ैल बड़ी लड़ाकी है, हवा से लड़ती है। खूब पूजा-पाठ करने का ढोंग करती है लेकिन बड़ी पिसाचिनी है।"

"अच्छा, अच्छा, सो जा और अपने को और मत थका। अरे हाँ, एक एनासिन ले ले न, मेरे लिए लाई थी।"

दीपा ने उठकर एनासिन की एक गोली ली और फिर लेट गई।

"देखो, तुम्हारे लिए रोटी बनाकर रख दी है। समय पर खा लेना अगर मैं सो गई तो।"

"ठीक है, ठीक है। तुम आराम करो, मेरी फिकर मत करो।"

दोनों अलग-अलग द्वीपों की तरह चुपचाप पड़े थे। हवा लगातार गरम होती जा रही थी। गोली खाने से दीपा का मन कुछ हल्का हुआ, लेकिन यह बुढ़िया माँजी उसके सोच के ऊपर बोझ बनकर पड़ी हुई थी। मैं माँजी के यहाँ दो साल से काम कर रही हूँ। माँजी हैं, बूढ़े बाबूजी हैं, इनके तीन लड़के हैं, दो कुँआरी लड़कियाँ हैं, तीन बहुएँ हैं। बहुएँ बेचारी तो पराए घर की हैं लेकिन माँजी, बाबूजी और सभी संतानें—सबके सब बहुत अजीब

हैं। एक जो बोलता है, सब उसी को दुहराते हैं। सबसे अधिक माँजी की ही चलती है। बाबूजी भी वही भूँकते हैं जो माँजी कहती हैं। बाबूजी किसी कॉलिज की नौकरी में थे। अब रिटायर हो गए हैं और किसी व्यापारी के यहाँ काम करते हैं। अचरज है कि इसके बेटे पढ़े-लिखे हैं, लेकिन एक से एक उल्लू के पट्ठे। किसी के पास अपना कोई दिमाग ही नहीं, सभी इस बुढ़िया के कहे पर चलते हैं। सभी लोग बाहर से आएँगे और उनके आते ही बुढ़िया अपने किराएदार या किसी पड़ोसी के खिलाफ सवाल दाग देगी। बाबूजी हो जाएँगे शुरू भों ··· भों ··· भों ··· भों ···। लड़के भी स्वर में स्वर मिला देंगे। यह कोई विसवास नहीं करेगा कि बुढ़िया का भी दोस हो सकता है और झुट्ठी तो पल्ले दरजे की है। अभी कुछ कहेगी, अभी पलट जाएगी। अरे, यह हरामजादी बड़ी कुतिया है। इसका एक लड़का जोगिंदर बेवकूफ है, खास पढ़ा-लिखा भी नहीं है। एक गरीब आदमी ने अपनी बेटी दे दी। यह बुढ़िया उसकी क्या-क्या दुरगति नहीं करती थी। जब मैंने उसका काम पकड़ा तो उसे एक लड़का पैदा हो चुका था। बहू छिप-छिपकर रोती थी। दूबेजी बुढ़िया के किराएदार हैं। आगे की ओर रहते हैं। बड़े भले लोग हैं। उनकी बीवी मालाजी भी बड़ी दयालु हैं, उनसे छिप-छिपकर अपना हाल कहती थी। बुढ़िया देख लेती तो दोनों पर बरस पड़ती। चुड़ैल उस बेचारी को सुबह-साम गिन-गिनकर तीन-तीन रोटियाँ देती थी। बच्चा दिन-रात दूध के लिए चीखता था। बाहर से दूध मिलता नहीं था और माँ को भरपेट खाना भी नहीं मिले तो दूध कहाँ से होगा? यह बुढ़िया नाई, धोबी, मेहतर, मजूर—सभी को बेटा-बेटा कहकर बुलाती है और चाय पिलाती है और अपनी ही बहू और पोते का पेट तक नहीं भरती। बाहर के लोग उसके मीठे बोल पर समझते हैं कि कितनी मीठी है, लेकिन उसके मीठा और तीता होने में देर नहीं लगती। जब उसकी अपनी गरज होगी तो प्यार से कहेगी, 'दीपा, दीपा बेटी, ले चाय पी ले, जा बेटी जा, बहुत देर हो गई। तेरा घरवाला बीमार है न! कल जल्दी आ जाना।' और कभी यों ही बिला वजह डाँटने-फटकारने लगेगी। उस दिन कुछ रोटियाँ बची थीं। बुढ़िया ने बड़े प्यार से कहा, 'ले जा बेटी, इसे लिए जा।' मैं निकल रही थी। मकान के गराज में जोगिंदर की बीवी रहती है। उसकी

ओर देखा। उसने अपने पेट की ओर इसारा किया। मैं दहसत से काँप गई। इधर-उधर देखा। झट से रोटी की पोटली उसकी ओर फेंक दी। झपटकर उसने उठा ली और मैं चुपचाप सरककर दूबेजी के यहाँ चली आई। मेरा मन न जाने कैसा-कैसा हो गया था। मालाजी ने पूछा, "क्या बात है रे? कुछ उखड़ी-उखड़ी लग रही है तू?"

"कुछ नहीं बीबीजी, बस ऐसे ही। वो बहूजी हैं न। आते समय उन्हें देखा। उनका चेहरा देखकर जी भर आया।"

उन्होंने एक लंबी साँस ली। कहा, "मत पूछ दीपा, राधा बेचारी की तकलीफ देखी नहीं जाती। कुछ करो तो बुढ़िया लड़ने लगती है, गालियाँ देती है। लगता है इस बहू की परछाईं दिन-रात हमारी दीवारों पर रेंग रही है। उसके बेटे का चीखना सुन-सुनकर रात को नींद टूट जाती है और देर तक परेसान रहती हूँ। यह बुढ़िया तो पापिन है ही, उसकी बड़ी लड़की सुमित्रा उससे बढ़कर पापिन है। चालिस साल की हो गई। मरद ने सादी होते ही उसकी कुचाल पर इसे घर से निकाल दिया। बैठी-बैठी बाप का घर खा रही है। किसी आफिस में काम करती है। बाप के लिए दुधारू गाय बनी हुई है। जवानी की घुटन ने इसके दिल को सड़ा दिया है। उसकी सारी बदबू भाभियों पर उतारती है। सब पर तो बस चलता नहीं, बस मिलती है राधा।"

··· जय जगदीसि हरे, आरे स्वामी जय जगदीसि हरे! ··· बुढ़िया के कमरे में से कीर्तन की आवाज उठने लगी। बाबूजी की भों-भों की बेसुरी आवाज सबसे ऊपर थी और बुढ़िया, सारे बच्चे और बहुएँ मिलकर उनकी आवाज को दुहरा रही थीं। केवल राधा बहू इसमें सामिल नहीं की जाती।

कें अँ अँ ··· कें अँ अँ ··· बच्चा रो रहा था।

··· जय जगदीसि हरे ···

कें अँ अँ अँ ··· कें अँ अँ अँ ···

··· आरे स्वामी भक्त जनों का संकट दूरि करे!

कें अँ अँ अँ ···

"अरे, हरामजादी, पूजापाठ भी नहीं करने देती। बच्चा नहीं सँभाल पाती।" बाबूजी की आवाज थी। फिर उसके बाद ही—

··· जय जगदीसि हरे ···

कें अँ अँ कें अँ अँ · · ·

मैं मुसकराई, मालाजी भी मुसकराईं और फिर सुना कि राधा का बेवकूफ पति आकर उसे डाँट रहा है।

"मैं क्या कर रही हूँ? बच्चा भूखा है, चिल्ला रहा है। आप बाप हैं न, आपको खाली डाँटने-मारने आता है। अरे मैं तो मर ही रही हूँ, इस बच्चे को तो बचा लेते।"

"मैं क्या कर सकता हूँ?" धीरे से वह बोला और चला गया।

"क्या करे बेचारा! माँ-बाप के कहने पर डाँटता है लेकिन वह बाप भी तो है, एक बेबस बाप। किसी दुकान पर नौकरी करता है। जो पैसा मिलता है, लाकर बुढ़िया को दे देता है। बुढ़िया कहती है—जितना वह कमाता है उतने के अनुसार वह उसके बीवी-बच्चे पर खर्च करती है। लेकिन मुझे तो लगता है कि यह बौड़म अगर अलग हो जाय तो सुखी रहेगा।"

"लेकिन उसकी हिम्मत है अलग होने की?"

"यही तो बात है, दीपा! उसमें हिम्मत नहीं है। मूर्ख है न और बुढ़िया का जादू तो घर-भर पर छाया हुआ है, उस मूर्ख पर छाया हो तो कौन-सी अजीब बात हुई। वह उसे तो भरपेट खाना देती ही है। बस, खुस हैं बौड़म राम। और खुस भी क्या है, मैंने उसे बीबी के आगे छिप-छिपकर रोते हुए देखा है। पर करे क्या? असहाय है।"

"दीपा!"

"क्या है?"

"नींद नहीं आई?"

"नींद तो नहीं आई, लेकिन तबियत हल्की है। तुम कैसे हो? बुखार तो नहीं है?"

"नहीं, बुखार नहीं है। ठीक हूँ। घाव तो टीसते ही रहते हैं। लेकिन ये घाव तो आदत बन गए हैं?"

"कुछ खाओगे?"

"नहीं, अभी भूख नहीं है। भूख लगेगी तो ले लूँगा।"

"चाय पिओगे?"

"नहीं, तुम आराम करो, चाय की कोई जरूरत नहीं।"

दीपा को लगा कि वह बनाए तो बहादुर चाय पी लेगा। उसकी इच्छा है, केवल उसकी तकलीफ का ख्याल कर रहा है। इच्छा हुई, उठकर चाय बना दे, लेकिन पड़ी रही। उसे लगा कि जोगिंदर का बेटा अभी तक कें अँ अँ ··· कें अँ अँ, कर रहा है। कहीं वह अपना बच्चा होता—भगवान भी कैसा जालिम है कि जहाँ जो चीज चाहिए, नहीं देता, जहाँ नहीं चाहिए, वहाँ देता है।··· कैसी बात करती हो दीपा, यह क्यों नहीं सोचती कि वह लड़का भगवान ने उसे न दिया होता तो उसे खाने को जो तीन रोटियाँ मिल रही हैं वे भी नहीं मिलतीं और जानवरों के उस खानदान में वह किसके भरोसे जीती! उस घर में ले-देकर वह बच्चा ही तो है जिसके सहारे वह जी रही है। और बहुएँ तो निपूती हैं, इसी को बच्चा है। और बहुएँ अच्छे घरों से आई हैं, अगर उन्हें बच्चा भी होता तो ये बूढ़े-बूढ़ी तो इसे मारकर घर से निकाल ही चुके होते। और निकालने में कसर भी क्या थी? जब-जब वह नइहर भेजी गई, तब-तब उसे अपने से आना पड़ा। ये सब नइहर भेजकर छोड़ देते थे, वह काफी दिन तक इंतजार करने के बाद एक दिन अपने आप धमक जाती थी।

सवेरे-सवेरे मैं उसके यहाँ बरतन माँज रही थी कि सुमित्रा ने सूचना दी, "आ गई कुलच्छिनी!"

मैंने चौंककर, इधर-उधर देखा कि किसे यह पदवी दी जा रही है। तब तक राधा बहू एक हाथ में अपना छोटा-सा बक्सा लटकाए और एक बगल में बच्चे को दबाए आ गई। उसके चेहरे पर डर फैला हुआ था।

"देखो न इस बेसरम को, बिना बुलाए धमक जाती है। पता नहीं कैसे हैं इसके पीहरवाले कि बिना बुलाए लड़की को अकेले भेज देते हैं। दलिद्दर, बेसरम, कमीने कहीं के!" बुढ़िया चिल्ला उठी थी।

"इसमें सरम काहे की, माताजी! अपने घर ही तो आई हूँ। अपने घर आने के लिए कोई किसी से पूछता है क्या? मायकेवालों ने सादी करके आपके यहाँ भेज दिया है तो वहाँ क्यों रहूँ? आप लोग मुझे वहाँ फेंककर भूल जाएँगे तो क्या मैं यहाँ नहीं आऊँगी? कहाँ जाऊँगी?"

मैंने पहली बार राधा बहू को अपनी सास से इस तरह बहस करते सुना था।

"देखो न इस कलमुँही को, आते-ही-आते मुझसे मुँहजोरी दिखाने लगी। लगता है अबकी इसकी राँड़ माँ ने सिखा-पढ़ाकर भेजा है।"

"क्या है, क्या है?" अपनी मोटी आवाज में भौंकते हुए बुढ़ऊ भी आ गए।

"देखिए न, पापाजी! यह छिनाल एक तो भागकर आई है, दूसरे आते-ही-आते माँ से लड़ने लगी।"

"काहे को झूठ बोलती हैं, बीबीजी! मैं लड़ कहाँ रही हूँ? मैं यही तो कह रही हूँ कि पीहर में कोई पानीदार लड़की जिंदगी-भर रह सकती है क्या? अपने मरद के घर आना भागकर आना होता है क्या?"

"माँ, देखो यह रंडी मुझे गाली दे रही है।"

"मैंने तो आपको कुछ भी नहीं कहा। गाली तो आप ही दे रही हैं।"

"चोप!" बाबूजी जोर से बोले, "चुप रहो, नहीं तो जबान खींच लूँगा।"

"खींच लीजिए, और मेरा पेट काट दीजिए। न भूख लगेगी न स्वाद की इच्छा होगी। सारी तकलीफ दूर हो जाएगी।"

"तड़!" ननद ने एक हाथ मारा। "मार, मार, और मार कुलच्छिनी को।" कहती हुई बुढ़िया टूट पड़ी। दोनों मिलकर मारने लगीं। बाबूजी ने भी दो-चार हाथ जमाए। और बहुएँ और बेटे भी आ गए। सब खड़े थे। जोगिंदर भी खड़ा था।

मार खाते-खाते राधा गिर पड़ी। उसकी गोद में बच्चा चिचियाए जा रहा था। मैं बरतन मलना छोड़कर यह देख रही थी। मुझसे रहा नहीं गया और झपटकर बच्चे को उससे ले लिया और जोगिंदर की गोद में पकड़ाते हुए कहा, "कैसे निखट्टू बाप हो! टुकुर-टुकुर देख रहे हो। अरे बीबी का नहीं तो बच्चे का तो खयाल किया होता!" उसके बाद खुद राधा बहू की देह पर लोट गई।

"ऐ दीपा, देख, तू नौकरानी है, हमारे घर के मामले में न पड़। नहीं तो ठीक नहीं होगा।"

मैंने कुछ नहीं कहा। वे लोग अगल-बगल से बहू को मारते रहे। मैं

बचाती रही।

"देख दीपा, तू छोड़ दे और अपना काम देख। तुझे सरम नहीं आती हमारे काम में दखल देते?" बाबूजी बोले।

"जब आपको एक नौकरानी के सामने बहू को पीटने में सरम नहीं आती तो मुझे क्यों आए? मैं तो इस तरह किसी को पिटते नहीं देख सकती और हमारा घरवाला मुझे इस तरह पीटता तो उसे दिखा देती कि औरत क्या होती है।"

राधा बहू के कपड़े इधर-उधर हो गए थे। ठीक किया। उसे उठाकर उसके कमरे में ले गई। एक बार जोगिंदर की ओर गुस्से से देखा · · · देखा, उसकी आँखों में आँसू थे। बेचारा बेबस लड़का! सभी लोग धीरे-धीरे वहाँ से चले गए। वह वहीं खड़ा था।

"जोगिंदर वहाँ खड़ा क्या कर रहा है, आ वहाँ से।" बुढ़िया चिल्लाई।

वह जाने लगा तो मैं बोली, "अरे, बच्चा तो बहू को दे आओ और कुछ दूध-वूध का इंतजाम करो।"

वह बच्चे को लेकर बहू के कमरे की ओर चला गया। मैं मालाजी के यहाँ आई, तो वे भी बहुत दुखी लगीं। कहने लगीं, "राधा की साँसत नहीं देखी जाती। इतना बड़ा जुलम कोई पत्थर-दिल ही देख सकता है। इच्छा होती है कि मकान बदल लूँ लेकिन इस कालोनी में इतना अच्छा मकान मिल नहीं सकता।"

"मैं भी इसका काम छोड़ दूँगी, मुझसे भी नहीं देखा जाता। बीबीजी, आपकी तो जमीन है, मकान क्यों नहीं बनवा लेतीं?"

"बनवा लूँगी रे! जमीन होने से क्या होता है? मकान के लिए पैसा भी तो चाहिए। ईमानदारी की कमाई में पैसा कहाँ है रे? पैसा होता तो इस नरक में न पड़ी होती।"

मैं झाड़ू लगाने लगी। फिर मालाजी बोलीं, "अजीब-अजीब मुसीबतें हैं इस दुनिया में। समय पर किराया दो, अपने काम-से-काम रखो, लेकिन किसी-न-किसी बहाने मकान मालिक नामक जीव छेड़खानी करते ही रहते हैं।"

'पच्च!'–किसी ने छत पर से सामने की फर्श पर थूका।

मालाजी निकलकर बाहर आ गईं, ऊपर की ओर देखा। पूछा, "कौन है जो ऊपर से थूक रहा है ?" लेकिन कोई नहीं बोला।

"अजीब लोग हैं। ऊपर से थूक देंगे, छत पर कंघी करके बाल आगे फेंक देंगे, बच्चे भुट्टा खाकर खुखड़ी फेंक देंगे, ऊपर से पानी फेंक देंगे, पूछने पर कोई बोलेगा नहीं, सब सपा जाएँगे। जब दोपहर को सोने का समय होगा, तब बुढ़िया ऊपर मसाला कूटने लगेगी—ठक-ठक-ठक-ठक ! चाहे कोई बीमार हो, चाहे कोई परेसान हो। दोपहर को बगल की छजली के नीचे ये सब चौपाल जमा देंगे। कुछ कहने पर कहेंगे—हमारा मकान है, हम चाहे जो भी करें।"

"हाँ, बीबीजी, मकान मालिक नाम का जीव बहुत अजीब होता है। मैं भी परेसान हो गई हूँ, तभी तो तंग आकर अपनी जमीन में एक झोंपड़ा डालना चाहती हूँ। सभी बीबीजी लोगों से पैसे माँग रही हूँ। मिल जाएगा तो कुछ कर लूँगी। आपने तो देने का वादा किया है और कइयों ने वादा किया है लेकिन यह बुढ़िया तो लड़ पड़ी थी। अगले महीने से इसका काम छोड़ूँगी। कौन रोज-रोज किच-किच करे इससे !"

मालाजी मुस्कराई-भर थीं।

वहाँ से निकली तो पूरा घर गा रहा था—

···जय जगदीसि हरे !···

एक दिन राधा ने चुपके से मुझे बुलाया। उसकी आँखें सूजी हुई थीं। बोली, "दीपा, मेरे पर एक एहसान कर दे।"

"क्या, बीबीजी ?"

"कहीं से थोड़ा जहर ला दे। अब मैं जीना नहीं चाहती।"

"यह क्या कह रही हो बहू ?"

"ठीक कह रही हूँ दीपा ! अब मैं जीने से तंग आ गई हूँ। जीने लायक कुछ भी तो नहीं है इस जिंदगी में।"

"अरे ऐसा मत सोचो। सोचो तो, तुम्हारे इस फूल-से बच्चे का क्या होगा ?"

"कुछ तो होगा ही। मेरे न रहने पर सायद यही लोग उसकी ठीक से देखभाल करें।"

"ना बीबीजी ना, ऐसा पाप मैं नहीं करूँगी।"

वह मेरे पैरों पर पड़ गई। मैं पाँव छुड़ाकर भागी। वह उदास आँखों से मुझे देखती रही।

मुझे तभी से डर समा गया कि कुछ बुरा होगा, लेकिन किससे कहूँ? बुढ़िया से कहूँ तो बहू की और भी दुरगति करेगी। मैं चुप ही रही।

एक दिन सुबह-सुबह गई तो मालूम पड़ा—बूढ़ी-बूढ़े मंदिर गए हुए हैं, साथ में सुमित्रा भी गई हुई है। छुट्टी का दिन था। दोनों लड़के अभी अपनी-अपनी बीवियों के साथ सोए हुए थे। मैं रसोईघर में काम करने लगी। एकाएक राधा बहू के कमरे से चीख सुनाई पड़ी। मैं दौड़ी। देखा, उसका लड़का सोता हुआ बाहर पड़ा था और राधा का कमरा बंद था। वह अंदर चीख रही थी। मैंने किवाड़ भड़काया—किवाड़ खुल गया। देखा, वह जल रही थी और छटपटाकर इधर-उधर भाग रही थी। हल्ला किया, सभी लोग भागे-भागे आए। कमरे में धुआँ भर गया था। आग बुझाने के लिए एक लड़के ने उस पर पानी फेंका। एक बहू की अकल में आया, वह भागी-भागी गई, कंबल ले आई और दूर से उस पर फेंक दिया। मैंने बढ़कर वह कंबल उस पर लपेट दिया। वह जले हुए कुंदे की तरह नीचे धड़ाम से गिर पड़ी। किरासन का तेल बिखरा था, खाली पीपा पड़ा था, एक ओर दियासलाई पड़ी थी और बीच में राधा की जली हुई देह पड़ी थी।

मंदिर से बूढ़े-बूढ़ी आ गए। आते ही बूढ़ी चिल्ला उठी, "हाय, तूने यह क्या किया, बहू? हाय, मेरी बहू! हाय, मेरी रानी बहू!" बूढ़ा भी रोने लगा।

राधा लाद-फाँदकर अस्पताल ले आई गई। पुलिस को सूचना हो गई थी। सुना था पुलिस ने राधा बहू का बयान लेने की कोशिश की थी, लेकिन राधा को होस नहीं आया।

घरवालों ने चारों ओर फैला दिया कि चाय बनाते हुए स्टोव की आग उसकी साड़ी में लग गई। मोहल्ले के लोग तरह-तरह की बातें करते थे। तीन दिन बाद राधा मर गई।

घर में कुहराम मच गया। बूढ़ा-बूढ़ी जार-बेजार हो रहे थे। सुमित्रा छाती पीट-पीटकर रो रही थी। जोगिंदर बिलखता हुआ खड़ा था। और

लड़के और बहुएँ धीरे-धीरे सिसक रही थीं। बुढ़िया का विलाप तो आसमान फाड़ रहा था—'हाय, मेरे कलेजे की टुकड़ी! हाय, मेरी आँख की पुतली! हाय, मेरी रानी! अब हम लोग किसका मुँह देखकर जिएँगे! हाय-हाय-हाय ···' और माथे और छाती पर हाथ मारती थी।

लास रखी हुई थी। राधा की माँ और भाई रोते-तड़पते हुए आए और आते ही उसकी माँ बुढ़िया पर पिल पड़ी, "ले डायन, खा गई न मेरी बेटी को! ओ चुड़ैल, अब रो-रोकर दुनिया को अपना झूठा प्यार दिखा रही है। अरे, हरामजादी बुड्ढी, नकल मत कर, मेरी मरी हुई बेटी की आतमा और मत चिढ़ा।" बुढ़िया राधा की माँ को उत्तर दिए बिना विलाप करती रही। राधा के बेटे को एक बहू सँभाले हुए थी। वह बार-बार अपनी माँ की लास की ओर झपट रहा था और रो रहा था। उसकी नानी ने झपटकर उसे छीन लिया और कलेजे से लगा लिया।

राधा का भाई गुमसुम खड़ा था और रह-रहकर गुस्से से जोगिंदर की ओर देख रहा था।

राधा की माँ ने देखा—जोगिंदर सिसकता हुए एक कोने में खड़ा है। वह झपटती हुई उसकी ओर गई और उस पर बरस पड़ी, "हिजड़े, जानवर ···। इतनी बड़ी और मोटी-तगड़ी देह लेकर तू मिट्टी है, तू बैल है। तेरी बीवी पर जुल्म होता रहा और तू अभागा बुढ़िया के अँचरा में मुँह छुपाए उसका दूध पीता रहा। जा ताधड़ंग साला, तेरे जीने को धिक्कार है ···।"

माँ के ये लफज जैसे उसके बेटे को उकसा बैठे और उसने पास में रखा एक डंडा उठाया और दोंय-दोंय जोगिंदर को पीटने लगा।

जोगिंदर बिलबिलाता हुआ भागने लगा। सभी लोग घबड़ा गए। बुढ़ऊ बढ़े, उन्हें जोर का धक्का दिया। बुढ़िया चिंचियाने लगी, "अरे मार डाला रे मेरे बेटे को! अरे इस कसाई को कोई पकड़ो रे!" बुढ़िया आगे नहीं बढ़ रही थी। उसके बेटे भी चिल्ला रहे थे, "अरे कोई बचाओ जोगिंदर भइया को!" जोगिंदर मार खाता हुआ इधर-उधर भाग रहा था। राधा के भाई के चेहरे को देखकर डर लगता था। कई मकान-मालिक लोग अपनी-अपनी जगह पर खड़े डपटते रहे, "ठीक नहीं होगा, लाठी फेंक दो, नहीं तो अभी

पुलिस बुलाते हैं। मकान-मालिकों की पंचायत बुलाएँगे।"

"चोप हैवान आदमियो ! तुम लोग आज मकान-मालिकों की पंचायत बुलाने चले हो। जब इन हैवानों ने मेरी बहन को तड़पा-तड़पाकर मारा तो एक बार भी इसे समझाने नहीं आए। और पुलिस तो मैं बुलाऊँगा और तुम सबको फाँसूँगा।" कहकर वह फिर जोगिंदर के पीछे दौड़ पड़ा।

"बेटा ! मैं तुम्हारा दुख जानता हूँ लेकिन सबर से काम लो। यह समय दूसरा है। बहन की आतमा की सांति की प्रार्थना करो।" कहते हुए दूबेजी उसकी ओर बढ़ गए और उसके गुस्से की परवाह किए बिना उसे पकड़ लिया।

"फेंक दो बेटे, यह लाठी फेंक दो, और क्रिया-करम होने दो। तुम्हारी तकलीफ की हद नहीं है, लेकिन ···।"

उसने लाठी फेंक दी और दूबेजी से लिपटकर बुक्का फाड़कर रोने लगा।

"हम गरीब हैं तो क्या हमें दरद नहीं होता है ? हमने अपनी इस प्यारी बहन की सादी इस ताधड़ंग से इसीलिए की थी कि चलो दहेज नहीं देना पड़ेगा और बहन को खाने-पीने की तकलीफ नहीं होगी। लेकिन यह तो सैतानों का खानदान निकला। ये बूढ़े महासय कितनी मीठी-मीठी और ऊँची-ऊँची बात करते थे लेकिन ये कितने पिलपिले और गंदे इंसान हैं और सबकी जड़ यह बुड्ढी है। और यह हिजड़ा बहनोई, यह साला इतनी बड़ी देह लेकर माटी का लोंदा है।"

दूबेजी ने उसे समझा-बुझाकर बैठा दिया। वह हबसता रहा। जोगिंदर दूर खड़ा सिसकता रहा। उसका बच्चा इस गोद से उस गोद में, उस गोद से इस गोद में चिल्लाता रहा। मैंने उसे ले लिया और दूबेजी के यहाँ बैठकर उसे फुसलाने लगी। वह बार-बार अपना मुँह मेरी छातियों से लगाता रहा। मेरी छातियों में गुदगुदी होने लगी। धीरे-धीरे दूध आ गया। वह चुपुर-चुपुर पीने लगा।···

सोचते-सोचते आँखें भर आईं। मेरी बच्ची जिंदा होती तो अब तक चार साल की हुई होती। लाल पत्ते की तरह प्यारी-प्यारी गुड़िया ! उसे जब पहली बार छाती से लगाया था तो उसके नन्हें-नन्हें ओठों के छूते ही मेरी

दोनों छातियाँ दूध से भर आई थीं और मैं भीतर तक भीग गई थी। कितना सुख था उस छोटी-सी गुड़िया की मासूम आँखों में! दो महीने भी तो नहीं बीते थे और ··· और वह ··· मेरी आँख की पुतली ··· चली गई। न जाने उसे क्या हो गया! डाक्टर दवा करते ही रह गए और वह मेरी गोद सूनी करके चली गई। डाक्टर ··· तब अच्छे डाक्टर भी तो नहीं थे इस मोहल्ले में। एक ही डाक्टर था। वह हर बात में सुई भोंक देता था और मनमाना पैसा वसूल करता था। लोग अपनी-अपनी किसमत से ही बचते थे। अब तो अच्छे-अच्छे डाक्टर आ गए हैं। वह दिन-भर मक्खी मारता रहता है। कमीना, खा गया मेरी नन्हीं-सी जान को।

दीपा सिसकने लगी।

"क्या है दीपा?" बहादुर ने पूछा। "क्या तेज दरद हो रहा है?"

वह अचकचा गई। उसने झट से बहाना बनाया, "नहीं, नहीं। एक खराब सपना देखा था। उसी में रो रही थी।"

"छाती पर हाथ रखकर मत सोया कर। इससे बुरे-बुरे सपने आते हैं।"

"हाँ, ठीक कहते हो। कुछ खाओगे?"

"हाँ, सोचता हूँ कुछ खा ही लूँ। नहीं, नहीं ··· तुम लेटी रहो, मैं ले लेता हूँ।"

"नहीं नहीं, तुम लेटे रहो, मैं देती हूँ। अब ठीक हूँ। लगता है हरारत ही थी, उसी से बुखार आ गया था।" वह उठी, और अपने और बहादुर के लिए रोटी-तरकारी परस ली। तेज़ हवा के गरम-गरम झोंके अंदर आने लगे थे। रह-रहकर बदबू के गहरे भभके से घर तड़प उठता था। उसने देखा, द्वार पर खड़ी खाट की बगल में अंदर को मुँह पेसे हुए एक कुत्ता मुल्हुर-मुल्हुर उसकी ओर देख रहा था और बाहर सूअरों का झुंड हों-फों-होंफ, हों-फों-होंफ करता घूम रहा था। उसने पास में रखा हुआ एक छोटा-सा पत्थर खींचकर कुत्ते की ओर फेंका। कुत्ता पोंऊँ-पोंऊँ करता हुआ भागा। सूअर भी इधर-उधर भागनें लगे। उन्होंने शायद समझा कि कुत्ता भूँकता हुआ उन्हीं की ओर आ रहा है। इधर-उधर अब भी कई लोग धोती खोले बैठे थे।

"नरक हो गया है यह घर, चारों ओर बदबू ही बदबू!" दीपा बड़बड़ाई। "अरे यह साली जमादारनी तो और भी जान ले रही है। सारा मैला

यहीं फेंक जाती है। कहने पर झगड़ा करती है। कितनी बार मना किया गया, लेकिन कुछ सुनती ही नहीं। कल साली से कहा तो गाली देने लगी–'अरे अपाहिज, चुप करके बैठ, तेरे बाप की जमीन में नहीं फेंक रही हूँ!' क्या करूँ, पहलेवाले दिन होते तो बताता साली को।"

"अरे क्या बताते? उधर भी फेंकती है। वे लोग तो कोठियोंवाले हैं। उनके आसपास जो खाली प्लाट पड़े हैं, वहाँ भी डाल आती है। वे लोग भी झगड़कर हार गए।"

"वे तो हार गए, वे सरीफ लोग हैं।"

खा-पीकर दोनों लेटे। कुछ देर बातें करते रहे। फिर बहादुर खर्राटे भरने लगा। सूनी दुपहरिया, हो-हो करके बहती हुई हवा ··· बाहर कोई कुत्ता पोंऊँ-पोंऊँ चिल्ला उठता था। म्याऊँ-म्याऊँ ··· एक बिल्ली अपने बच्चे के साथ अंदर घुस आई, बिल ··· बिल ··· वह अचक्के में चिल्ला उठी। और कोई चीज उठाने लगी मारने के लिए लेकिन उसके साथ उसका प्यारा-प्यारा बच्चा देखकर उसके हाथ रुक गए। बिल्ली एक कोने में बच्चे के साथ बैठ गई थी। बच्चा टुकुर-टुकुर देख रहा था। दीपा उसे एकटक देखने लगी। उसने चाहा कि उन्हें यहीं इस गर्मी में आराम करने दे लेकिन ये चुप थोड़े बैठेंगे। घूमेंगे, म्याऊँ-म्याऊँ करेंगे, चीजें गिराएँगे। चाय के लिए दूध रखा हुआ है, उसे पी जाएँगे। ··· नहीं नहीं, इन्हें भगाना ही चाहिए। ये परक गए तो रोज जान लेंगे। लेकिन भगाने की उसकी हिम्मत नहीं हो रही थी। वह चुपचाप पड़ी रही। वे म्याऊँ-म्याऊँ करते रहे। एकाएक बहादुर की नींद टूटी और बिल-बिल करता हुआ पास रखा अपना डंडा उठा लिया और जमीन पर ठोंका। बिल्ली अपने बच्चे के साथ हड़बड़ाकर भाग गई।

"कितना सुंदर बच्चा था," दीपा बोली, "सोचती हूँ, इसे पोस लूँ।"

"पोस लूँ?" एक खर्चा और बढ़ा लो। तुम तो दिन-भर बाहर रहोगी न, ये जान मेरी लेंगे। हड़-हड़, भड़-भड़ मचाए रहेंगे।"

"हाँ, सो तो है, लेकिन घर भी सूना-सूना अच्छा लगता है क्या?"

बहादुर ने दीपा की ओर देखा। उसकी आँखों में एक उदासी भर आई थी। वह समझ गया। बोला, "हाँ, अच्छा तो नहीं लगता लेकिन भगवान की मरजी। एक देकर ले लिया और फिर ···। अब घर सूना है तो क्या किया

जाए, कुत्ते-बिल्ली से थोड़े न भरेगा।" वह भी उदास हो गया।

"दीपा!"

"कहो!"

"अब इस सड़ी हुई लास में क्या रखा है। मैं तो तुम्हें कुछ भी नहीं दे सका। कुछ और नहीं हो सकता क्या?"

"हो सकता है!"

"क्या?"

"तुम्हारा सिर! पड़े-पड़े यही सब सोचा करते हो। जलाने के लिए दुनिया कम है क्या कि तुम लुकाठी ले-लेकर दागते रहते हो।"

बहादुर चुप हो गया। दीपा दूसरी ओर मुँह फेरकर लेट गई, मानो बेहद नाराज हो।

बहादुर ने देखा—बाहर से एक बकरी मुँह डाले झाँक रही है। वह बड़बड़ाया, "बिना दरवाजे का घर भी अजीब होता है। जिसकी इच्छा होती है, झाँकने लगता है। इससे अच्छा रहा होता, घर ही न बनाया होता। कितना कर्जा चढ़ गया, मैं बीमार पड़कर बेकार हो गया, अकेले बेचारी दीपा ···।"

थोड़ी देर बाद बहादुर खर्राटे भरने लगा। मकान–मकान के कारण कर्ज–कर्ज के कारण अपमान ··· दीपा सोचने लगी–मैंने कितना चाहा था, अपना घर होता। उसके लिए मैं कितनों के आगे कर्ज के लिए गिड़गिड़ाई थी। अब सबसे मुँह छिपाती भागती हूँ। सबसे भयानक तो यह बुढ़िया निकली है। जब स्वार्थ था तब तो मेरे पैरों पर पड़ जाती थी, जब काम निकल गया तो आ गई अपनी जाति पर।

राधा के भाई ने पुलिस में रपट लिखाई कि उसकी बहन अपने से जली नहीं है, जलाई गई है। उसके ऊपर तमाम तरह के जुल्म किए गए हैं। पुलिस पूछताछ में जुट गई। पुलिस को मालूम पड़ा कि जिस समय वह जली, उस समय दीपा वहाँ काम कर रही थी और सबसे पहले उसी ने उसे जलते हुए देखा।

मालाजी बता रही थीं, "पुलिस तुम्हारी पूछताछ कर रही थी। तुमसे

गवाही लेगी।"

"ठीक है, मैंने जो देखा है वह बता दूँगी।"

"लेकिन ये अभागे बरबाद हो जाएँगे। राधा तो गई ही, ये सब उजड़ जाएँगे। मैं तो सोचती हूँ, राधा का जाना ही ठीक रहा। वह बेचारी तो जिंदा ही मर रही थी।"

"नहीं बीबीजी, मैं नहीं छोड़ूँगी इन कसाइयों को। राधा बीबी का उदास और भूखा चेहरा सामने आता है तो छाती फटने लगती है। मरें ये जानवर! मैं तो इनके खिलाफ गवाही दूँगी।"

"अच्छा अच्छा, तेरे जी में जो आए करना।" मालाजी ने हँसकर टाल दिया।

मैं बुढ़िया के यहाँ पहुँची तो बुढ़िया ने जाते ही कहा— "देख, काम बाद में करना, ले, पहले चाय पी ले। काम करते-करते थक जाती है बेचारी!"

"नहीं नहीं, मैं चाय पी चुकी हूँ, मुझे जल्दी से काम निबटाकर जाना है।"

"अरे चली जाना बेटा, मैं कहाँ बाँध रही हूँ, पहले चाय तो पी ले।..." कहते--कहते वह मुझे पकड़कर कमरे में ले गई। वहाँ सुमित्रा और बहुएँ चाय पी रही थीं।

मैं खड़ी रही और चाय पीने से मना करती रही। पता नहीं, क्यों इसके घर की चाय में मुझे सीलन-भरी बदबू मालूम पड़ती है और अब तो उसमें राधा का खून मिला मालूम पड़ता है।

"अरे हाँ दीपा, तुम्हारे मकान का क्या हुआ? तुम मकान बनवा रही थीं न। देख बेटा, बुरा मत मानना, उस समय मेरे पास रुपए नहीं थे, तुम्हें नहीं दे सकी। तुम्हारे बाबूजी को तनखाह मिली है न। बोल, कितना चाहिए। छः सौ माँग रही थी न, ले सात सौ ले ले। देख बेटी, तुम्हारे बाबूजी ठहरे रिटायर आदमी। अब वह आमदनी रही नहीं। मुसकिल से घर चलता है। लेकिन तुम्हारा भी काम तो अपना ही काम है न।" और उसने सुमित्रा से कहा, "दे-दे बेटी, इसे रुपए दे दे।"

सुमित्रा ने लाकर सात सौ रुपए मेरे हाथ में रखे। मैं सब समझ रही

थी, लेकिन लेने से इनकार नहीं कर सकी। काँपते हाथों में रुपए थामे खड़ी थी।

"ले बेटी, चाय पी ले, ठंडी हो रही है।"

मैं जमीन पर बैठ गई।

"अरे कुर्सी पर बैठ न, जमीन पर क्यों बैठती है? तू भी बेटी ही है। सुमित्रा और तुम्हारे में कोई भेद है क्या?" और उसने बाँह पकड़कर कुर्सी पर बैठा दिया। मैंने किसी तरह चाय पी। लगा जैसे चाय नहीं, राधा का खून पी रही हूँ।

"अब बेटी, तू तो जानती है कि मैं राधा और सुमित्रा में भेद नहीं करती थी। अब तकदीर को कौन पकड़े? बेचारी स्टोव से जलकर मर गई। मैंने कितनी बार कहा कि स्टोव सँभालकर जलाया करो, लेकिन आजकल के बच्चे किसी का सिखाया मानते हैं क्या?"

मैं कुछ नहीं बोली। तब तक राधा का लड़का जाग गया। सुमित्रा झपटकर गई और गोदी में लेकर चूमती हुई आई—"आले मेले लाल, ओले मेले मुन्ने···" बुढ़िया भी उसको चूमने-चाटने लगी, फिर रुआँसी हो गई···"हाय, सोने-से बेटे को छोड़कर लच्छिमी-ऐसी बहू चली गई। अब इस बेचारे को सबकुछ तो मिलेगा, माँ कहाँ से मिलेगी? तू ही बता दीपा, माँ की पूर्ति कोई कर सकता है क्या?"

मैं ऊब गई तो आकर बरतन मलने लगी। बरतन मलकर चुपचाप घर चली आई।

हाय, स्वार्थ आदमी का तेज कितना मार देता है। सात सौ रुपयों ने मेरा सारा तेज पी लिया और मैंने पुलिस के आगे ऐसी गवाही दी कि साबित हो गया कि राधा स्टोव की आग लगने से मरी है। ये कसाई सब बच गए, लेकिन मैं आज तक अपनी नजरों में गिरी हुई हूँ। कभी-कभी अपने को डाँटती हूँ कि तूने कोई बुरा नहीं किया। तू राधा को जिंदा तो नहीं कर सकती थी। तूने जो किया उससे उन कसाइयों का ही नहीं, अपना भी भला किया। अपना भला कौन नहीं देखता! जब बड़े-बड़े धरमातमा बननेवाले लोग यही सब कर रहे हैं तो तू ही क्यों हरिसचंद्र बनी हुई है। धत् पगली, बेवकूफ की बच्ची! जीने के लिए दूसरों को थोड़ा-बहुत ठगना भी पड़ता है। ठग

इस बुढ़िया को। मार ले उसके पैसे और छोड़ दे उसका काम। क्या कर लेगी? लेकिन · · ·

4

दीपा अपने अतीत में खोई हुई थी–

मैं हार गई बहादुर की दवा करा-कराकर। डाक्टर कहते हैं–ठीक हो जाएगा लेकिन कितने दिन हो गए इस विसवास पर जीते हुए। कई बार अस्पताल भी गई। पूरा-पूरा दिन खराब करो तब कहीं नंबर आता है और फिर भी कुछ नहीं।

वे भी क्या दिन थे जब मैं थी, बहादुर था और हमारी एक छोटी-सी प्यारी-प्यारी दुनिया थी। बहादुर ने धीरे-धीरे पैसा बटोरकर अपना रेक्सा कर लिया था। महीने में चार-पाँच सौ रुपए कमा लेता था। हम लोगों के लिए बहुत था। कभी-कभार माँ-बाप के लिए भी भेज देता था। जहाँ हम लोग रहते थे, वहाँ आसपास अपनी ओर के बहुत-से पुरबिया रहते थे–रिक्सेवाले, बेलदार, मिस्त्री, खोमचेवाले और बहुत तरह के लोग। घर से दूर, बाल-बच्चों से दूर। साम को अलग-अलग चूल्हे जल जाते, कोई रोटी सेंक रहा है, कोई लिट्टी बना रहा है, कोई सत्तू घोलकर ही काम चला ले रहा है, कोई चबेना ही फाँककर रह जा रहा है। किसी के पास साबुत कपड़े हैं, किसी के पास फटे हुए। किसी के सरीर पर एक फटी बनियान और फटा नेकर झूल रहा है। कोई हँसता ही रहता है, कोई मजाक करता रहता है, लेकिन एक ऐसा चेहरा भी था जो गुमसुम और भारी था। वह चुपचाप अपना काम करता और कभी-कभी उदास आँखों से लोगों को देख लेता था। पता नहीं क्या था उन आँखों में?

खा-पीकर सभी ढोल-झाल लेकर बैठ जाते और घंटा-दो घंटा गाते। बहादुर को भी सामिल कर लेते। कभी रामायन गाते, कभी भजन गाते और होली के दिनों में फाग गाते। मुझे इन फटेहालों की यह दुनिया कितनी अपनी लगती थी! और इन्हें देखकर यह संतोष भी होता था कि मैं इन लोगों की

बराबरी में कितनी सुखी हूँ · · · अपने स्वामी के साथ। 'कैसी है ज़िंदगी इन बेचारों की। ये यहाँ अकेले तड़पते हैं, घर पर बीवियाँ अकेले-अकेले दिन बिताती होंगी।' कहते-कहते मैं बहादुर से लिपट जाती। उसकी मजबूत बाँहों का घेरा मेरे लिए गुनगुने पानी का एक कुंड था, जिसमें रात-भर नहाती रहती। वह भी अपने को सराहता कि उसे मेरे जैसी बीवी मिली और मुझे सराहते-सराहते चूमने लगता, गोदी में कस लेता और हम दोनों अपनी-अपनी हस्ती भूल जाते। जब सब लोग सो जाते तो एक गीत उठता—

'हमारो सनेस ले ले जइहे से बटोहिया!'

"कितना दरद है इसके गाने में! कौन गाता है?"–यह मैंने बहादुर से पूछा।

"बसंत गाता है।"

"बसंत कौन?"

"अरे वही जिसके बारे में तुमने कहा था कि सारे मजदूरों के बीच एक ऐसा मजदूर है जिसका चेहरा बहुत भारी और उदास रहता है।"

"अच्छा, हाँ! हाँ! उसका गीत भी तो उतना ही उदास है, उसकी आवाज भी उतनी उदास है। क्या बात है?"

"बात कुछ है दीपा! लेकिन वह बताता नहीं है। वह बहुत कम बोलता है। बस काम-से-काम रखता है। जब सब लोग सो जाते हैं तब अकसर वह सड़क पर जाकर बिजली के खंभे के नीचे किताब लेकर बैठ जाता है।"

"अच्छा! पढ़ा-लिखा है?"

"हाँ दीपा! एक रात मैं बस से उतरा तो बारह बज गए थे। अरे उसी रात को जब तुम बहुत परेसान हो गई थीं और मेरे ऊपर रोती हुई टूट पड़ी थीं। मैंने देखा पुलिसवाला बिजली के खंभे के नीचे बैठे एक आदमी को डाँट रहा है, बार-बार डंडा तान रहा है। मैं पहुँचा तो देखा—बसंत था।"

"यहाँ बैठे-बैठे क्या कर रहा है? चोरी करने का इरादा है क्या?" पुलिसवाला पूछ रहा था।

"नहीं हवलदार साहब, थोड़ा पढ़ रहा हूँ।"

"क्यों, एम. ए. करने का इरादा है क्या?"

"नहीं साहब, बी. ए. का इम्तहान दे रहा हूँ।"

"चुप साला, मुझे बनाता है। मुझे बेकूफ समझता है? बी. ए. करेंगे सरऊ! भागो, नहीं तो मार डंडों के पीठ लाल कर दूँगा।"

"सचमुच मैं बी. ए. का इम्तहान दे रहा हूँ, हवलदार साहब! गरीब आदमी हूँ इसलिए सड़क पर पढ़ रहा हूँ। बड़ी मेहरबानी होगी अगर आप पढ़ने की इजाजत देंगे।"

"अच्छा - अच्छा, पढ़। लेकिन चोरी-चिकारी मत करना।" कहकर पुलिसवाला चला गया।

फिर उसने मुझसे चिरौरी करते हुए कहा—बहादुर भइया, किसी से मत कहिएगा कि मैं बी. ए. का इम्तहान दे रहा हूँ। सौ बातें लोग पूछने लगते हैं। मैं इस वखत खाली मजदूर हूँ, उसी रूप में जाना जाऊँ तो ठीक रहे।"

"लेकिन भाई, तू इतना पढ़-लिखकर बेलदारी करता है, कोई और काम क्यों नहीं कर लेता?"

"कहाँ मिलता है? छोड़ो भइया इन सब बातों को। यह सब बड़ा पँवारा है।"

वह पढ़ने लगा और मैं चला आया। · · ·

बसंत एक दिन बहादुर के यहाँ आया। बोला, "भाई साहब नहीं हैं?"

"नहीं, अभी तो नहीं लौटे। खाने का समय हो रहा है, आएँगे।"

"अच्छा - अच्छा, फिर आऊँगा।"

"अरे आते ही होंगे। बैठो तो सही।"

वह सकुचाया-सकुचाया-सा बैठ गया। उसने सिर यों झुका रखा था जैसे नई-नई दुलहिन हो। उसके चेहरे पर हमेसा की तरह एक उदास भोलापन था। मैंने चाय बनाकर दी तो वह चौंक गया, "अरे आपने यह क्या किया? इसकी क्या जरूरत थी? मेरे लिए तकलीफ · · ·"

"अरे पियो न! चाय में कौन-सी तकलीफ होती है।"

"अरे तकलीफ तो है ही और मैं तकलीफ देने नहीं आया था। आप · · ·"

"मुझे भाभी कह सकते हो। यह आप-आप कोई रिस्ता नहीं है।"

वह थोड़ा-सा मुस्कराया। उसके चेहरे पर थोड़ी रौनक उभरी, "चलिए, इस परदेस में बैठे-बिठाए एक भाभी तो मिली। नहीं तो मैं तो इस जिंदगी में इनकार ही पाता आया हूँ।"

"लगता है तुम्हें कोई भारी सदमा पहुँचा है। रात को जो गीत गाते हो वह इतना दर्दनाक है कि मन काँप जाता है। लगता है तुम्हारे मन की उदासी मन को तोड़ती-फोड़ती उस गीत में फूट आती है।"

"वाह भाभीजी, आप तो कविता करने लगीं।"

"वह क्या होती है?"

"वही जो आप कह रही हैं। आप पढ़ी-लिखी होतीं तो कमाल की कविता करतीं।"

"पढ़ी-लिखी क्यों नहीं हूँ, दर्जा चार तक पढ़ी हूँ।"

"सच!"

"हाँ, सच। अच्छा यह बताओ कि तुम इतने उदास क्यों रहते हो?"

"मेरा चेहरा ही ऐसा है तो मैं क्या करूँ?"—कहकर वह हँसा। लेकिन उसकी हँसी उसकी उदासी पर एक पतले लेप-जैसी ही लगी।

"कहाँ से आए हो?"

"गोरखपुर से।"

"घर में कौन-कौन हैं?"

"देखो भाभीजी, आप उँगली पकड़कर पहुँचा मत पकड़िए।" और हँसने लगा।

"भाभी से नहीं बताओगे?"

"क्या फायदा है, भाभीजी! जिंदगी में ऐसी बहुत-सी बातें होती हैं जो बाँटने से बँटती नहीं, उन्हें खुद ही झेलना पड़ता है। इसलिए अच्छा है उन्हें सहेजकर भीतर ही रख लिया जाए।"

"ठीक है।" मुझे लगा कि कोई बहुत बड़ी चोट है जिसे वह कहना नहीं चाहता, लेकिन उसका चेहरा, उसकी आँखें उसे कहती फिरती हैं।

"भाई साहब अभी तक नहीं आए।"

"आते ही होंगे। कहो, कोई काम हो और मुझसे हो सकता हो तो कहो।"

"नहीं भाभीजी, काम तो वही करा पाएँगे, लेकिन आपसे भी कहने में कोई हरज नहीं है।"

'कहो' के भाव से मैं उसे देखती रही।

"बात यह है कि मैं बेलदारी से इतना थक जाता हूँ कि···"

लगा जैसे वह कहते-कहते अटक गया। मैंने पूरा किया–"कि बी. ए. के इम्तहान की तैयारी नहीं हो पाती।"

"अरे आपसे किसने कहा? वाह भाई साहब, मैंने आपसे किसी से कहने से मना किया था और आपने इसे चारों ओर बो दिया।"

"चारों ओर? मैं चारों ओर हूँ? जोरू अपने मरद के लिए चारों ओर होती है कहीं? मरद अपनी जोरू से कोई बात कहता है तो अपने से ही कहता है।"

"नहीं भाभीजी, यह बात सही नहीं है। दोनों दो व्यक्ति होते हैं, रिस्ता भले ही उन्हें एक बनाने की कोसिस करता हो।"

"अभी छुट्टे हो न, कह लो। जब किसी से जुड़ोगे तब मालूम होगा कि कैसे अपनी बात जोरू से कहे बिना एक बेचैनी भीतर छाई रहती है। और यही हाल जोरू का भी होता है।"

वह फिर उदास हो गया। लगा, जैसे कहीं खो गया हो।

"क्या हो गया?"

"ऐं!" वह चौंका, "नहीं, कुछ नहीं।"

मैं समझ गई कि कुछ बात है। इसे छेड़ना नहीं चाहिए। "हाँ तो तुम कह रहे थे कि थक जाते हो।"

"हाँ, थक जाता हूँ और कभी-कभी काम भी नहीं मिलता। ठेकेदारों की जमात में तो मैं मिल नहीं सकता। कभी-कभी चौराहे पर मजदूरों के बीच खड़ा होता हूँ और घंटों खड़ा रहकर लौट आता हूँ। कुछ भले मजदूर हैं जो मेरे ऊपर मेहरबानी करके ठेकेदार से काम दिला देते हैं। इसलिए चाहता हूँ कि रिक्सा चलाना सीख लूँ। सायकिल चलानी तो आती है। रिक्सा चलाने में कोई खास दिक्कत तो नहीं होनी चाहिए, फिर भी भाई साहब थोड़ा-बहुत सिखा देंगे तो ठीक रहेगा और फिर किराए पर रिक्सा भी तो लेना पड़ेगा। मुझे कौन देगा? भाई साहब को इसमें सहायता करनी होगी।"

"ओ, इसमें कौन-सी बात है। हो जाएगा। आते हैं तो बात कर लेती हूँ। लेकिन देखो, तुम पढ़े-लिखे होकर यह सब काम करते हो तो पता नहीं क्यों मुझे अच्छा नहीं लगता।"

"भाभी, मैंने इतनी ही जिंदगी में देख लिया है कि अपने अच्छा-बुरा लगने से कुछ नहीं होने का। बस, जीने के लिए जो भी सहारा मिल जाय उसे पकड़ लेना चाहिए। हमारे अच्छा-बुरा लगने की परवाह कौन करता है! जब अपने कहे जानेवाले लोग ही नहीं करते तो परायों को क्या गर्ज पड़ी है परवाह करने की!"

"लगता है अपनों ने तुम्हें कुछ गहरा धोखा दिया है।"

"नहीं भाभी, वह बात तो मैंने एक मिसाल के तौर पर कही है।"

लेकिन वह छिपाकर भी अपने को पूरी तरह छिपा नहीं सका। मुझे लगा कि अपने से जुड़ी हुई कोई गहरी फाँस इसके मन में है।

"लेकिन दुनिया में सब तरह के लोग होते हैं। देखिए न भाभी, आप मेरी क्या लगती हैं लेकिन अपने आप मेरी भाभी बन बैठीं और मेरे दुख में सरीक होने लगीं। मुझे इतनी ही देर में लगने लगा कि आप मुझे 'अपना' समझने लगी हैं।"

"और तुम? क्या तुम भाभी को अपना नहीं समझ रहे हो?"

वह सरमा गया।

एक रेक्सावाला भागा-भागा आया—"अरे दीपा भाभी, बहादुर भइया का एकसीडेंट हो गया!"

"कहाँ?"—हम दोनों साथ चीख पड़े थे।

"यहीं चौराहे पर।"

हम तीनों बदहवास भागे। 'क्या हालत है?' मैं पूछती जा रही थी।

"एक कार से टकरा गए हैं। बेहोस पड़े हैं।"

"अरे किस कसाई की कार थी, रे दइया! आरे किस राच्छस ने यह जुलुम किया!"

"मैं पहचानता नहीं उस आदमी को।"

थोड़ी ही देर में हम चौराहे पर पहुँच गए। भीड़ इकट्ठा थी। मैं भीड़ को चीरती हुई उसके पास गई और भहराकर रोने लगी। मुझे खुद पता नहीं

कि उस समय मेरा क्या हाल हो गया था! एक पुलिसवाला भीड़ को ढकेल-ढकेलकर पीछे कर रहा था।

"ऐ औरत उठ, तेरे मरद की गलती थी। इसकी तो जान ही चली गई होती लेकिन बाबूजी ने बचा लिया। केवल इसके पाँव के पंजे पर चोट आई है।"

मैंने आँख खोलकर देखा—पुलिसवाला एक बाबूजी की ओर इसारा कर रहा था। वे बाबूजी हाथ में कार की कुंजी नचाते हुए इतमिनान से खड़े थे।

"साले ये रिक्सावाले, न दाएँ देखते हैं न बाएँ, जहाँ कहीं होता है रिक्सा घुमा देते हैं, अड़ा देते हैं, घुसेड़ देते हैं। साले रिक्सा से भी हाथ धोते हैं और जान भी गँवाते हैं। यह तो बाबूजी का सुक्र मनाओ कि बचा लिया।"

"क्या बचा लिया? इनका पाँव पिचकर भुरता हो गया है, ये बेहोस पड़े हैं, रिक्सा टूटकर पड़ा हुआ है। पता नहीं इनका क्या हाल है! गरीबों का कोई सहारा होता है!"

"ऐ औरत, बकवास मत कर! आखिर इतने लोग चौराहे पर थे, किसी-न-किसी ने तो देखा ही होगा। उनसे पूछ, किसका दोस है। बोलो भाई तुम लोगों में से किसने देखा था। बताओ किसकी गलती थी?"

कोई नहीं बोला।

"कौन बोलेगा? किसकी सामत आई है जो बोले। भाभी, भइया को उठाओ और अस्पताल ले चलो। इस बहस में क्या रखा है कि दोस किसका है। गरीबों की जान की कीमत ही कितनी होती है!" बसंत बोला था। उसके भोले-भाले चेहरे पर एक अजब गुस्सा तन गया था।

"तू साला कौन है रे, बड़ी सेखी दिखा रहा है। अभी सारी सेखी भूल जाएगा जब पीठ पर डंडे पड़ेंगे तो।"

"जाने दीजिए दीवान साहब, गलती उसी की सही, लेकिन जब उसे चोट लग गई है तो उसके घरवाले दुखी होंगे ही। मुझे बेहद अफसोस है कि मेरी कार से इसे चोट आई, लेकिन भगवान का लाख-लाख सुक्र है कि यह बच गया। पाँव में चोट आ गई है और थोड़ा रिक्सा टूट गया है। लेकिन इसका पाँव मेरी कार से नहीं टूटा है। यह रेक्से पर से नीचे गिरा और किसी

चीज से इसका पाँव टकराया। सुक्र है कि बहुत खून नहीं आ रहा है। चोट हल्की ही है। बहुत टूट-फूट नहीं हुई है। मैं दो सौ रुपए दिए दे रहा हूँ, रिक्सा ठीक करा लेगा और अस्पताल में जाकर मरहम-पट्टी करा लेगा।" उसने सौ-सौ के दो नोट निकालकर मुझे थमा दिए। मैं न जाने कहाँ खोई हुई थी कि ले लिए। वह कारवाला मुस्कराता रहा।

"दीपा!" बहादुर ने कराहते हुए कहा।

"कहो, कैसी तबीयत है?"

"ठीक हूँ दीपा!"–उसने कराहते हुए कहा।

"अरे ठीक क्या हो, पाँव से तो खून बह रहा है, हाय दइया!"

"अरे चिंता मत करो। पाँव में कोई चीज चुभ गई है, उसी का दरद है। कोई गहरी चोट नहीं है।" पुलिसवाले ने कहा। और फिर मेरी ओर डपटते हुए कहा–"अब इसे ले जाओ न। दो सौ रुपए तो पा गई, जाकर दवा-दारू कराओ।"

"दो सौ रुपए!" मुझे अब होस आया इन रुपयों का और चीख पड़ी–"नहीं, मैं कसाई के ये रुपए नहीं लूँगी।" और फेंक दिए।

कारवाले ने हँसकर देखा और चला गया। पुलिसवाला भी उसके साथ चला गया।

"अरे इसे डाक्टर के यहाँ चलकर दिखाना चाहिए। धीरे-धीरे खून तेज हो रहा है। और पता नहीं अंदर कितनी चोट हो।"

उसे धीरे-धीरे उठाया गया। वह बैठा तो कराह उठा और फिर लेट गया।

"क्या है?"

"कमर में बहुत दरद हो रहा है।"

उसे रिक्से पर लादकर पंखा रोड डिस्पेंसरी ले गए। ऊपर कुछ कटा-फटा था, उस पर डाक्टर ने मरहम पट्टी की। उसने कहा कि पाँव की चोट बहुत नहीं है, भीतर चोट ज्यादा मालूम पड़ती है। लगता है कमर में चोट आई है। या तो इसे अस्पताल ले जाओ या प्राइवेट डाक्टर के यहाँ एक्स-रे कराओ, फिर मैं देखता हूँ कि क्या करना चाहिए। तिलक नगर में एक्स-रे होता है। वहीं करा लो।

मैंने बसंत की ओर देखा।

"ले चलो भाभी! देर मत करो। अस्पताल में तो कितने घंटे लग जाएँगे। वहाँ भीड़ में कौन किसका खयाल करता है। तिलक नगर में एक्स-रे करा लेते हैं।"

"लेकिन!"

"लेकिन-वेकिन कुछ नहीं, सब हो जाएगा।"

एक्स-रे के डाक्टर ने चालीस रुपए फीस माँगी तो मैंने बसंत की ओर देखा।

उसने सौ रुपए का एक नोट बढ़ा दिया।

मैंने रास्ते में कहा, "बसंत, तुम हमारे यहाँ सहायता माँगने आए थे और हम खुद तुम्हारे गले पड़ गए। तुमने कितनी मिहनत से ये रुपए घर भेजने के लिए जुटाए होंगे और एकाएक हमारे ऊपर खर्च हो गए।"

"कैसे मेरे रुपए? ये रुपए तो तुम्हारे ही हैं, भाभी!"

"मेरे रुपए?"

"हाँ, वही रुपए जो तुम्हें कारवाले से मिले थे और तुमने फेंक दिए थे। मैंने धीरे से उठा लिए।"

मैं चीख पड़ी थी, "उस कसाई के रुपए तुमने क्यों उठाए? क्यों उठाए?"

"इसलिए कि उन रुपयों से भाई साहब का इलाज हो सके। उस कसाई का क्या बिगड़ना था, वह तो मुस्कराकर चला गया। रुपए मैं न उठाता तो कोई और मार लेता।"

"हाय रे गरीबी, तू कितनी जालिम है, कसाई के रुपए लेने को मजबूर कर देती है!"

एक्स-रे से मालूम हुआ कि रीढ़ की हड्डी की गुरिया में काफी चोट आई है। इस चोट के अच्छे होने में कई-कई साल लग जाते हैं। आदमी उठ-बैठ नहीं पाता। कभी-कभी नहीं भी अच्छा होता है। मेरे तो होस उड़ गए। अब क्या होगा? पंखा रोड के अस्पताल के डाक्टर ने कहा कि यहाँ इलाज नहीं होगा, अस्पताल ले जाओ। बहादुर तड़पता रहा, कराहता रहा।

बस में लाद-फाँदकर अस्पताल ले गए। एक बार ले गए, दो बार ले

गए, कई बार ले गए। दिन-दिन-भर बरबाद किया। किसी तरह दवा चलती रही।

"कोई फायदा नहीं अस्पताल जाने से, और नहीं तो, बाहर पड़े-पड़े हालत खराब हो जाती है।"—बहादुर ने कहा। और वह अस्पताल न जाने की जिद पर आ गया। मैं क्या करती? मोहल्ले के डाक्टर से ही सुई और गोली ले-लेकर काम चलाया जाने लगा।

लेकिन अब दूसरी मुसीबत सामने थी। पैसे कहाँ से आएँ? बसंत कई बार हमारे साथ अस्पताल गया। घर आ-आकर जरूरतें पूछ जाया करता था। उसने कारवाले के जो दो सौ रुपए उठा लिए थे, उनकी कीमत मुझे बाद में मालूम पड़ी थी। उसी में से दवा-दारू का काम चला, रोटी भी चली। लेकिन अब क्या हो? अगर मैं पहले से काम करती रही होती तो यह मुसीबत तो नहीं आती। बहादुर ने तो मुझे बाबुओं की बीवियों की तरह घर में बैठा रखा था। कितनी बार कहा कि मुझे काम करने दो, लेकिन हर बार वह छाती ठोंककर कहता था– "मैं किसलिए हूँ?"

"अब क्या होगा?"–मैंने बहादुर से पूछा। वह चुप रहा।

"अब तो मुझे कोई काम-धाम ढूँढ़ना ही होगा, नहीं तो · · ·"

वह चुपचाप मेरी ओर देखता रहा और रोने लगा।

मैं समझ गई। उससे कहा, "देखो, मैं काम खोजने जाती हूँ। दो-चार घर चौका-बरतन का काम कर लूँगी तो पेट पल जाएगा।" मैं निकलने ही वाली थी कि बसंत आ गया। मैं रुक गई। "दीपा!"–बहादुर बोला, "अब तो पता नहीं मेरी चोट ठीक होगी कि नहीं, रेक्सा चलाने लायक रहूँगा कि नहीं। सोचता हूँ रेक्सा बेच दिया जाय। कुछ काम तो चले।"

"नहीं-नहीं, ऐसी असुभ बात मुँह से मत निकालो। तुम्हारी चोट जल्दी ही ठीक हो जाएगी।"

"भाई साहब, मैं एक बात कहना चाहता हूँ। भाभीजी से उस दिन कहा था लेकिन वह बात इतनी असुभ निकली कि अब उसे दुहराने की हिम्मत नहीं हो रही है, लेकिन यहाँ का हाल देखकर कहना ही पड़ेगा।"

"कहो, कहो बसंत, तुमने हमारा इतना साथ दिया है। तुम मेरे लिए असुभ कैसे हो गए भाई!"

"भाई साहब, मैंने भाभीजी से कहा था कि मैं रेक्सा चलाना चाहता हूँ। आपसे सीखनेवाला था, लेकिन तकदीर को क्या कहा जाए? आप रेक्सा मत बेचिए। टूट गया है इसलिए अच्छे पैसे नहीं मिलेंगे और जब आप अच्छा होकर चलाना चाहेंगे तो रेक्सा खरीदना कठिन हो जाएगा।"

"तब क्या करूँ भाई?"

"रेक्सा मुझे दे दीजिए। इसे ठीक करके मैं चलाऊँगा। आपको भाड़ा देता जाऊँगा। मेरा भी काम चलेगा और आपका भी और जब आप ठीक हो जाएँगे तब वापस ले लीजिएगा।"

"ठीक तो है।"

"बसंत, तुम कितने एहसान हमारे ऊपर लादोगे? अपने लोग तो पराए निकल जाएँ और पराए लोग अपने हो जाएँ, कितना अजीब लगता है न!"

"नहीं भाभी, मुझे पराया मत समझो। मैं भी अपनों का मारा हुआ, भटका हुआ आदमी हूँ। मुझे लगता है कि मुझे भी एक घर मिल गया है।"

"यह घर तुम्हें क्या दे सकेगा बसंत, लेने के सिवा? तुम पढ़े-लिखे हो, इम्तहान पास कर कोई अच्छी नौकरी देखो-दाखो, ऊँचे लोगों से मेल-जोल बढ़ाओ। हम गरीबों और गँवारों के घर के साथ जुड़कर क्या पा जाओगे?"

"हाँ भाई साहब, आप ठीक कहते हैं। मुझे ऊँचे लोगों से मेल-जोल बढ़ाना चाहिए। आपके यहाँ प्यार के सिवा और क्या मिलेगा और वहाँ प्यार के सिवा बहुत कुछ मिलेगा। हुँह, ऊँचे लोग! एक ऊँचे आदमी ने आपकी रोजी-रोटी छीन ली न। किस बेरहमी से उसकी मुस्कान आपके घाव का मजाक उड़ा रही थी। आपको कुचलकर खुद सुर्खरू बना खड़ा था और उसके पैसे की गुलाम पुलिस आपको ही गाली दे रही थी।"

"अपनी-अपनी तकदीर है भाई, जो होना होता है वह होकर रहता है।"

"कमाल है भाई साहब, खाते हैं आप अपनी मिहनत से कमाकर और गीत गा रहे हैं तकदीर का। क्या तकदीर ने इन ऊँचे लोगों को ऊँचा बनाया है और हमें गरीब बनाया है? अपनी-अपनी करनी ने बनाया है। आप ईमान की कमाई करते हैं, इसलिए आप गरीब हैं और ये बेईमानी से कमाते हैं, इसलिए अमीर हैं, ऊँचे लोग हैं।"

एक चुप्पी छायी रही।

वह फिर बोला, "आपको मालूम है वह कारवाला कौन है ? मकान के दलालों के यहाँ आपकी दुर्घटना की बड़ी चर्चा थी। वहीं बहस हो रही थी। वहीं मालूम हुआ कि वह इसी मोहल्ले का एक मामूली आदमी था। पहेली चलाकर लखपती हो गया।"

"पहेली चलाना क्या होता है बसंत।" मुझे लगा कि सायद यह भी जादू की मूठ चलाना या कटोरा चलाना जैसा कुछ होता होगा।

"ऐसा है भाभी, तुम तो थोड़ी पढ़ी-लिखी हो, समझोगी। सब्दों की पहेली होती है। पहेली में कुछ खाली जगहें होती हैं, उनमें कुछ सब्द भरने होते हैं। उन पर हजारों के इनाम होते हैं। यह पहेली किसी कंपनी के नाम से किसी अच्छे अखबार में छपाई जाती है। इस पहेली में भाग लेने के लिए कुछ फीस होती है। हजारों लोग इसमें भाग लेते हैं। हजारों रुपये फीस से ही आ जाते हैं। कंपनी यह भी ऐलान करती है कि उसका फैसला आखिरी फैसला होता है। इनाम में वह रुपए नहीं देती, सामान देती है जैसे टी. वी., रेडियो, घड़ी, साइकिल वगैरह। यह भी ऐलान करती है कि ये चीजें अस्सी फीसदी कनसेसन रेट पर देंगे। कुछ दिन बाद ये हजारों लोगों को चिट्ठी डाल देते हैं कि आपको पहला इनाम या दूसरा इनाम दिया जा रहा है। इतने रुपयों की चीज कनसेसन के साथ आपको इतने रुपए में दी जा रही है। इतने रुपए भेज दीजिए तो आपके पास पारसल पहुँच जाएगा। कुछ लोग तो होसियार होते हैं, नहीं भेजते हैं, बाकी तमाम लोग लालच में आकर पैसे भेज देते हैं और वह आदमी सारे पैसे हजम करके बैठ जाता है।"

"तो लोग पूछताछ नहीं करते ?"

"करते हैं। लेकिन कंपनी जाली होती है, जगह जाली होती है। पैसे लेने के बाद वह आदमी आफिस की जगह बदल देता है। और कभी अपने मोहल्ले में आफिस नहीं खोलता। लोग जब पता लगाने आते हैं तो मालूम होता है कि उस नाम की कोई कंपनी वहाँ न थी, न है। हाँ, एक अनजान आदमी एक कमरा किराए पर लेकर बैठता था, अब पता नहीं कहाँ चला गया।"

"अरे वाह, यह तो खूब अच्छा धंधा है। लेकिन बसंत, जाली आदमी को पोस्ट आफिस पैसे देता कैसे है ?"

"अरे भाई, सब मिले होते हैं, सबका हिस्सा होता है। सुना है यह बहुत बड़े पैमाने पर चलता है। यह कारवाला इसी में लखपती हो गया और सुना है कि नई दिल्ली में इसकी कई कोठियाँ हैं, जो किराए पर उठी हुई हैं। इस मुहल्ले के अपने टूटे-फूटे मकान को बढ़िया बनवा लिया है। रहता तो वह नई दिल्ली के किसी मुहल्ले में है लेकिन सुना है इधर विकासपुरी में कोई आलीसान होटल बनवा रहा है, इसलिए कुछ दिनों के लिए अपने इस मुहल्लेवाले घर में रहने के लिए आ गया है।"

"हरामजादा, ठग! ऐसे लोगों को तो फाँसी लगा देनी चाहिए।"

"फाँसी? फाँसी कहती हो, भाभी! अरे इसे पहले कोई पूछता नहीं था। एक बार मामूली-सी ठगी में इसे पकड़कर पुलिस ले गई थी और मारा था। लेकिन अब सभी इसे सलाम बोलते हैं, पुलिस सलाम बोलती है। सभी जानते हैं कि यह बहुत बड़ा ठग है लेकिन पैसेवाला तो है। लोग पैसे को सलाम बोलते हैं।"

"आग लगे ऐसे पैसे को! कसाई ने इसी पैसे के घमंड में मेरे मरद को निकम्मा बना दिया।"

"तभी तो कहता हूँ भाभी कि ऊँचे लोगों से मेल-जोल करने में सब कुछ मिल सकता है, प्यार नहीं मिल सकता, इंसानियत नहीं मिल सकती।"

"लेकिन बसंत, मुझे तो लगता है कि अगर पैसा न हो तो क्या कोई प्यार और इंसानियत को लेकर चाटेगा? बताओ, अब मैं क्या करूँ?"

"हाँ, यह तो है भाभी! तुम भी कुछ काम करो। काम करना बुरा नहीं होता। काम करने से आदमी बड़ा बनता है।"

"यह तो मैं कब से कह रही थी लेकिन तुम्हारे भाई साहब तो मुझे ऊँचे घरों की लुगाइयों की तरह घर में रखना चाहते थे। अब तो करूँगी ही, कुछ काम ढूँढ़ो।"

"काम मिल जाएगा। उधर आर ब्लाक में कई नए मकान बने हैं। वे लोग दूसरे मुहल्लों से आए हैं। मुझसे कह रहे थे कि कोई कामवाली हो तो बताओ।"

धीरे-धीरे मैंने कई काम पकड़ लिए—कुछ नए ब्लाकों में, कुछ पुराने ब्लाकों में। सुरू-सुरू में काफी तकलीफ हुई, फिर धीरे-धीरे सब ठीक हो गया

और ठीक क्या हुआ ! हाँ, किसी तरह ठीक-ठाक कर लिया। गुजारे - भर को मिल जाने लगा। लेकिन बहादुर की तकलीफ जान ले रही थी। उसकी चोट ठीक होने पर नहीं आ रही थी, बल्कि बिगड़ती ही जा रही थी और इधर लगातार डाक्टर को फीस जा रही थी। मैं ज्यादा से ज्यादा पैसा कमाना चाहती थी लेकिन हर घर में थोड़े-थोड़े पैसे पर थोड़े-थोड़े काम मिले थे। एक दिन एक कामवाली ने मुझसे कहा—"क्यों दीपा, एक बड़ा काम करना चाहोगी ? दो सौ रुपए मिलेंगे।"

"तो तू क्यों नहीं कर लेती ?"

"वह कई घंटे का काम है। मेरे पास तो वैसे ही काम ज्यादा है, दूसरे बाल-बच्चों को भी देखना पड़ता है। तू घर की झंझटों से बरी है, कर लेगी।"

मैंने उसके चेहरे की ओर देखा कि कहीं मेरे निःसंतान होने का मजाक तो नहीं उड़ा रही है, लेकिन उसके चेहरे पर ऐसा कोई भाव नहीं था। तो भी मेरे भीतर एक हूक-सी उठी—संतान · · · संतान · · · एक आवाज मेरे भीतर बजने लगी। अब क्या है इस घर में। संतान न सही, बढ़िया मरद तो था, उसका जवान प्यार तो था। सारा दिन उसके लिए काट देती थी। अब ? अब क्या है ?

"अरे तू तो कहीं खो गई। बोल न, करेगी ?"

"चलो, पहले काम देख-समझ लूँ। पसंद आया तो कर लूँगी।"

"कर ले, बहुत बड़े आदमी हैं।"

वह लेकर मुझे गई। एक अच्छा-सा मकान था। बाहर कार खड़ी थी। अंदर गई। अच्छा पहने-ओढ़े एक अधेड़ औरत मिली। उसी से साथिन कामवाली बात करने लगी, "देखिए बीबीजी, मैं इसे ले आई हूँ। बहुत अच्छी औरत है। मेहनती और ईमानदार है। मुसीबत की मारी हुई है।"

मालकिन मुझे घूरकर देखती रही।

मुझे साथिन कामवाली की अपने ऊपर टिप्पणी अच्छी नहीं लगी। बोली, "देखो, बहना ! मैं मुसीबत की मारी हुई हूँ या क्या हूँ, इससे दूसरों को क्या लेना-देना। मैं कोई भीख माँगने थोड़े आई हूँ। ईमान से काम करूँगी, पैसे लूँगी।"

मालकिन ने मुझे कुछ अजीब तेवर से देखा। सायद उन्हें मेरा खरापन

अच्छा नहीं लगा। बोलीं, "ठीक है, ठीक है, मुझे ईमानदार कामवाली चाहिए। मैं ईमानदारी, सच्चाई और मिहनत को भगवान समझती हूँ।"

"ठीक है, ठीक मालकिन, यह तो बहुत अच्छी बात है। इस औरत को आप ऐसा ही पाएँगी।"

सौदेबाजी हुई। पूरे घर की सफाई, चौका-बरतन, कपड़े की धुलाई—दो सौ रुपए महीना।

"कल से आओगी न?" मालकिन ने पूछा।

मैं कुछ बोलूँ इसके पहले ही अंदर से एक आदमी बाहर निकलने के लिए तैयार-सा होकर आया। उसके हाथ में एक कुंजी नाच रही थी। मैंने उसे देखा। उसने भी देखा। मैंने कुछ देर उसे पहचानने की कोसिस की, फिर चीख उठी—"नहीं ईं ईं ईं" और वहाँ से भाग खड़ी हुई। साथिन कामवाली पीछे-पीछे भागती हुई आई–"अरे, तुझे क्या हो गया रे! तुझे कोई दौरा-वौरा तो नहीं चढ़ता है?"

"हाँ, चढ़ता है भूत का। मेरे सामने वह सफेद भूत आ गया था।"

"मैं समझी नहीं।"

"तू नहीं समझेगी। इसी कसाई ने मेरे मरद की कमर तोड़ी है। उसकी औरत कितनी ईमानदारी की बात कह रही थी। इन पापियों ने सारा धन बेईमानी से बटोरा है।"

"अरे छोड़ इन बातों को। अब तेरे काम न करने से तेरे मरद की कमर वापस तो नहीं न आएगी। जो बीत गई, उसे भूल जाना चाहिए। जो है उसे देखना चाहिए। इतने अच्छे पैसे मिलते हैं और तू एक पुरानी बात गाँठ बाँधे बैठी है। चल, वापस चल, काम कर ले।"

"नहीं, नहीं, नहीं ईं ईं ···"

"क्या है दीपा, तू चीख क्यों रही है?" बहादुर चौंक उठा।

दीपा सोचते-सोचते चीख उठी थी। शरमिंदा हो गई। बोली, "एक सपना देख रही थी। ओह, कितना डरावना था।"

"मुझसे भी अधिक डरावना।"

"तुम तो हर बात अपने पर ही ले बैठते हो।"

वह मुस्कराया। बोला, "अब तबियत कैसी है?"

"अब तो ठीक लग रही हूँ। तुम कैसे हो?"

"मैं भी ठीक हूँ।"

"चाय पिओगे?"

"तू पियेगी तो पी लूँगा।"

दीपा ने चाय बनाई। पीकर फिर लेट गए।

"कितनी भयंकर गरमी है दीपा! फिर बिना दरवाजे का मकान। सारी गर्मी, धूल-धक्कड़ हवा के साथ जैसे इस कमरे में ही गिरती है। बिना दरवाजे का मकान न जाने कैसा लगता है। अच्छा हो जाता तो पहले दरवाजा लगवाता।"

"यह सब सोच-सोचकर क्यों हैरान करते हो अपने को। जो है सो है।"

"हाँ, जो है सो है ही। लेकिन दीपा, जो सामने होता है वह अगर भद्दा और डरावना होता है तो मन आगे-पीछे भागता ही है। कभी सोचता हूँ कि कितने अच्छे दिन थे हमारे, कभी सोचता हूँ कि कितना अच्छा हो अगर आगे कुछ अच्छे दिन आनेवाले हों।"

"हाँ, यह तो है लेकिन ये सब आकर भारी भी तो कर जाते हैं कि कहाँ वह, कहाँ यह?"

"हल्का भी कर जाते हैं। आखिर मन को कोई सहारा तो चाहिए।"

"हाँ, यह भी ठीक है। जिंदगी कितने उतार-चढ़ाव देखती है। हम चाहें या न चाहें, मन उन्हें दुहराता रहता है।" एक उसाँस भरकर दीपा चुप हो गई।

5

फिर दोनों के बीच एक चुप्पी छा गई। बाहर हवा हहराती रही। कभी-कभी हवाई जहाज शोर करता निकल जाता था। दरवाजे पर की खाट लगातार हिल रही थी और गरम-गरम झोंके पिघले हुए लोहे की तरह बह-बहकर चले आते थे। मक्खियाँ भनभना रही थीं। दीपा सोच रही थी— 'अभी

तो तिजहर हुई है। कितना बड़ा दिन हो गया है आज। दिन तो रोज ही इतना बड़ा होता है लेकिन काम-काज करते रहो तो दिन कब आया, कब गया, पता नहीं चलता। बल्कि इन दिनों दिन मेरे लिए छोटा पड़ने लगा है। चाहती हूँ कि दिन थोड़ा और बड़ा हो जाए तो कुछ और काम निबटा लूँ। लेकिन आज तो दिन कट ही नहीं रहा है। एक तो बीमारी, दूसरे निकम्मापन। बहुत दिनों बाद मुझे इस तरह घर पर पड़े रहने का मौका मिला है। चलो, इस बहाने थोड़ा आराम ही मिल गया। लेकिन आराम भी मिला तो कहाँ मिला? इस हल्के-से बुखार ने आराम तो दिया लेकिन आराम का सुख लेने कहाँ दिया? तिस पर चुड़ैल वह बुढ़िया आ गई और साम तक न जाने कितने लोग आएँगे।

बहादुर फिर खर्राटे भरने लगा था। दीपा ने उधर एक नजर घुमाई। फिर सामने की दीवार को एकटक देखने लगी। दीवार पर पलस्तर नहीं हुआ था। खाली-खाली ईंटें दरारों से भरी नजर आ रही थीं। उन पर जगह-जगह चींटे-चींटियाँ रेंग रहे थे। उसे लगा कि उसकी कलाई पर चींटी रेंग रही है। देख, पट्ट से चींटी मार दी। उसका शरीर भी तो दीवार ही है जिस पर पता नहीं कितनी चींटियाँ रेंग रही हैं। कलाई पर उसकी नजर टिकी रह गई। कलाई पर एक दाग था। चाकू का दाग। कितना घिनौना लगता है यह दाग, इच्छा होती है इसे काटकर फेंक दें; मगर कैसे हो सकता है यह? दूसरा दाग बन जाएगा। यह नया दाग पहले दाग की याद दिलाएगा और पहला दाग उस भेड़िए की। वह धीरे-धीरे फिर अपने अतीत में खो गई—

नदी के किनारे एक गाँव। हमारा गाँव। वह गाँव ठाकुरों और बाभनों का। और कई जातियों के लोग भी हैं। हरिजन तो हैं ही, धोबी के दो घर हैं, गड़रियों के कई घर हैं, अहीरों के पाँच घर हैं। दो घर कहारों के हैं, एक घर नाई का है और चार घर मल्लाहों के हैं। उनमें से एक घर मेरे बाप का भी है। वैसे तो मल्लाहों का एक छोटा-सा पुरवा अलग पड़ता है— लगभग नदी के किनारे। लेकिन वह पुरवा उस गाँव का ही हिस्सा है, उसका अपना कोई नाम नहीं। मल्लाहों के पास तीन-तीन, चार-चार बीघे खेत हैं। वे खेती भी करते हैं, मजूरी भी करते हैं, आरा चलाने के लिए बाहर भी चले जाते हैं। कुछ के घर के लड़के परदेस में भी हैं। लेकिन मेरे पिताजी के पास नाव

थी। वे घटवार का काम भी करते थे। एक भाई था। खेती-बारी करता था। माँ भी खेती-बारी और मजूरी में जुटी रहती थी। कुल मिलाकर घर का काम-धाम ठीक चल जाता था। कितने दिन हुए, वहाँ गए हुए। वैसे तो गाँव के ठाकुरों और बाभनों के बीच में दूसरी जातिवालों की कोई औकात नहीं है, सभी मवनी प्रजा माने जाते हैं, सभी को अपने-अपने खानदानी पेसे करने पड़ते हैं और बदले में तर-त्यौहारों को खाना पाते हैं, साल में जवरा पाते हैं और सादी-विवाह के समय कुछ पा जाते हैं। लेकिन जितना पाते हैं उससे ज्यादा काम करना पड़ता है और गाली-गुप्ता, मार-फजिहत तो पाते ही रहते हैं। फिर उनकी बहू-बेटियों से हँसी-मजाक करने का तो सबको हक है ही। गाँव में इनके घरों की कोई जवान लड़की या बहू निकली तो सोहदे लोग नजरें गड़ाकर ऐसे देखेंगे जैसे आर-पार छेद देंगे। इस माने में मल्लाह थोड़े सुखी थे कि वे गाँव से थोड़े बाहर थे। मैं भी गाँव में बहुत कम जाती थी। बचपन से ही मुझे नदी के किनारे बैठे रहना अच्छा लगता था। घर से पिताजी के लिए खाना लेकर घाट पर जाती थी और वहीं नाव पर रहती थी। इस पार से उस पार, उस पार से इस पार। बहुत अच्छा लगता था। एक ओर ऊँचे-ऊँचे कगार थे, दूसरी ओर नीचा पाट जिस पर जंगली झाड़ियाँ दूर-दूर तक फैली होतीं। उस पार बालू के ऊँचे-ऊँचे तटों के बाद सेमल के कई पेड़ थे जो फागुन में लाल-लाल दहक उठते थे और उनके फूल धरती पर झड़कर बिखरे होते। मैं उन्हें बटोरती थी, फिर बिखेर देती थी। कई महुए के पेड़ थे जो चैत में महक उठते थे। उनके मीठे फूलों से धरती पट जाती थी। कटहल और आम के बौर महकते थे। कितनी अच्छी लगती थी नदी के आसपास की दुनिया। नदी कुछ दूर तक जाकर मुड़ जाती थी। मैं सोचती थी, पता नहीं मुड़कर कहाँ जाती है, कितने नए-नए गाँव, खेत, बगीचे, जंगल इसके रास्ते में पड़ते होंगे! नदी के कितने रूप थे— बरसात में हू-हू करती हुई भागती थी, हवा के झोंकों में ऊँची-ऊँची लहरें हहराती हुई उठती-गिरती थीं, अरार टूटते थे तो थोड़ा डर भी लगता था लेकिन बरसात बीतते ही पानी साफ-सुथरे सीधे बच्चे-सा मुस्कराता हुआ धीरे-धीरे बहने लगता था। घाट गुलजार हो जाता था। रंग-बिरंगे कपड़े पहने हुए लोग आने-जाने लगते थे। कितना अच्छा लगता था बाजार के दिन। दोपहर से ही तमाम बनिए पार

उतरने लगते थे। खेवाई में कोई सब्जी दे रहा है, कोई मिठाई, कोई कुछ, कोई कुछ— दसहरे के दिनों में तो मैं खुसी से बावली-सी हो उठती थी। घाट से घर, घर से घाट भागी-भागी फिरती थी।

हमारे घरों के एक ओर तो नदी बहती थी, एक ओर बड़ा-सा बगीचा था। बाकी दो ओर खेत-ही-खेत थे। खेतों की दुनिया बदलती रहती थी। कभी धान झूमते थे, कभी गन्ने भरे होते थे, जिनके कटते समय बड़ा चुहुल-गुल होता, कभी गेहूँ की फसलें ठाठें मारती थीं, कभी खाली होकर ये पड़े होते। कितना कुछ था वहाँ · · ·।

नाव पर बैठी होती। कैसे-कैसे लोग नाव पर चढ़ते। पिताजी खेवाई माँगते तो कोई-कोई तो आसानी से दे देते, लेकिन कुछ लोग बहुत हरतुज करते— अरे भई, मैं तो अमुक गाँव का हूँ। अरे भाई, मैं तो अमुक गाँव में रिस्तेदारी करने आया था। अरे भाई, मेरे पास तो खेवाई के पैसे नहीं हैं।· · ·

पिताजी को खेवाई वसूलने के लिए कितनी मेहनत करनी पड़ती, यह मैं रोज देखती। उन्हें सबसे कहा-सुनी करनी पड़ती। वे कहते— अजीब बात है— लोग कहाँ-कहाँ अनाप-सनाप रुपए खर्च कर देंगे लेकिन खेवाई के नाम दो-चार आना देने में अपने गाँव, जाति, और गरीबी की जनम-पत्री खोल देते हैं। आखिर ये क्यों नहीं समझते कि मैं इनके बाप का नौकर नहीं हूँ, यही मेरी रोजी-रोटी है। फिर भी न जाने कितने लोग बिना खेवे के पार उतरते और कुछ बड़ी जातियों के लोग बिना खेवे के उतरते भी और बड़बड़ाते भी जाते— "अरे ये छोटी जातियोंवाले बहुत मनबढ़ हो गए हैं। ये अब बड़े आदमियों को पहचानते भी नहीं, उनकी इज्जत उतार लेते हैं।"

"हाँ भाई, बड़े आदमियों की तो यही पहचान रह गई है कि वे सबसे बेगार कराएँ। इससे बड़ी आदमियत क्या होगी कि बिना खेवे के उतरो भी और हमें नीच भी कहो। तुम्हारे यहाँ कोई चीज माँगने जाएँ तो दुतकारकर भगा दोगे।" पिताजी भी बड़बड़ाते।

गाँव के पास ही एक इसकूल था। अब बाभनों और ठाकुरों के यहाँ लड़कियों को भी इसकूल भेजने का रिवाज चल पड़ा था। उनके घरों की दो-चार लड़कियों से मेरी दोस्ती थी। कभी उनके यहाँ चली जाती, कभी वे

घाट की ओर आ जातीं। उन्हें किताब पढ़ते हुए देखती तो मुझे बड़ा अच्छा लगता। अचरज से देखती और सोचती— कैसा अजब लगता है न कि ये लाइनें बोलती हैं।

"तू भी क्यों नहीं पढ़ती दीपा?" एक ने कहा। दूसरी ने दोहराया।

धीरे-धीरे मेरे मन में पढ़ने की इच्छा जगी। मैंने पिताजी से कहा, वे हँसे। सोचा कि ऐसे ही बड़बड़ा रही है। लेकिन जब मैंने बार-बार कहा तो बोले, "बेटी, यह हम लोगों की लड़कियों का काम नहीं है।"

"क्यों पिताजी?"

"वैसे ही बेटी, बड़े घरों के लोग पढ़ते-पढ़ाते हैं।"

"नहीं पिताजी, मैं तो पढ़ूँगी। पढ़ाई पर किसी का नाम थोड़े ही लिखा है।"

"हाँ बेटी, लिखा तो नहीं है लेकिन लोग समझते तो यही हैं। अभी तो छोटी जातियों के लड़के पढ़ते हैं तो ये बड़े कहानेवाले लोग गालियाँ देते हैं, ताने मारते हैं; जब लड़कियाँ पढ़ने लगेंगी तो ये लोग क्या कहेंगे?"

"कहने दीजिए, इनका दिया खाते हैं क्या?" मेरे भाई ने बड़े गुस्से में कहा, "आप जितना दबिएगा उतना ही दबाए जाएँगे। मैं तो नहीं पढ़ सका, पढ़ने में मेरा मन ही नहीं लगा लेकिन अगर दीपा पढ़ना चाहती है तो पढ़ने दीजिए।"

जब मैं पहले दिन इसकूल गई तो चर्चा का विषय बन गई। बड़े घरों के लोग आते-जाते ताने मारने लगे— 'कौआ चला हंस की चाल ···' मैं पढ़ने में ठीक-ठाक निकली। मुझे उम्मीद होती कि अच्छा काम करने पर मुझे मास्टर से साबासी मिलेगी। साबासी मिलती तो लेकिन दूसरे ढंग से। मुँह तीता हो जाता। जब किसी ठाकुर या बाभन लड़की का जवाब गलत होता तो मास्टर कहता मल्लाह की लड़की होकर ठीक जवाब देती है और तू बड़े घर की होकर भी गोबर गनेस निकली।

क्या दिन थे वे। हवा के अल्हड़ झोंके की तरह दिन बीत रहे थे। घर और घाट की दुनिया के अलावा विद्या की दुनिया से मेरी पहचान हुई थी। यह भी मुझे अच्छी लगी। हँसती-खिलखिलाती दौड़ती-उड़ती जिंदगी की डगर पर चल रही थी, लेकिन एक दिन मैंने महसूस किया कि लौंडों की नजरें

मुझ पर गड़ने लगी हैं। मैंने अपने अंगों की ओर देखा, मुझे खुद अपने में बदलाव नजर आया। मेरी चाल मंद पड़ती गई। किसी को अपनी ओर देखकर मुस्कराते हुए देखती तो सकुचाकर मुड़ जाती। दर्जा चार पास कर पाँचवीं में पढ़ रही थी। गाँव में तो मैं कम ही जाती थी, लेकिन फिर भी किसी-न-किसी काम से जाना पड़ ही जाता था और कुछ छटे हुए लोग रास्ते में मिल जाते तो गंदे इसारे कर देते।

फागुन की साम थी। मैं इसकूल से आ रही थी। इसकूल और टोले के बीच आधा मील का फासला था। साथ में कुछ बड़े आदमियों की लड़कियाँ थीं, वे कुछ दूरी के बाद गाँव की ओर मुड़ गईं। एक ओर नदी बह रही थी, एक ओर खेत-ही-खेत थे और कुछ दूर तक रास्ता अरहर के सघन खेतों से होकर जाता था। अरहर के खेतों से पहले ही पाकड़ का एक पेड़ था। उसके पत्ते झड़ गए थे, उस पर बैठी एक कोयल बोल रही थी— कुऊ ··· कुऊ ···!

मैं खड़ी हो गई और चिढ़ाने लगी ··· कुऊ ··· कुऊ।

कितनी मस्ती आ गई थी।

आखिर वह चिढ़कर उड़ गई और मैं हँसती हुई आगे बढ़ गई। फगुनहट मेरे बालों और कपड़ों को उड़ा रही थी, मैं एक गीत गुनगुनाते हुए आगे बढ़ी—

मेरी ऊँची अटरिया प कागा बोले
मेरा जीया डोले
कोई आ रहा है—
कोई आ रहा है—

"हाँ, मैं आ गया!"

मैंने चौंककर देखा— गाँव का लोफर रूपनसिंह, गाँव के धनी-मानी ठाकुर बंसीलाल का बेटा। इसके बारे में बहुत कुछ सुन चुकी थी। यह छोटी जातियों की न जाने कितनी लड़कियों से बदतमीजी कर चुका था। मेरा जी धक्क से रह गया।

"दीपा प्यारी, मैं तो तुझसे कितने दिनों से मिलना चाहता रहा, तू तो मेरी गली आती ही नहीं।"

मैं चुप रही।

वह पास आ गया और दस रुपए का एक नोट दिखाने लगा। मैं जोर से घर की ओर भागी। उसने दौड़कर पकड़ लिया, खींचकर अरहर के खेत में ले गया और छुरा निकालकर बोला— चिल्लाई कि इसी से रेत दूँगा। मैं डर से काँप रही थी। वह कसाई की तरह मुस्कराया और मेरे पाजामे का नाड़ा खोलने लगा। मैं चिल्लाई, 'नहीं ···ईं ···ईं।' और उससे जूझ पड़ी। मैं उसका हाथ दाँतों से काटने लगी। बस्ता उसके मुँह पर मारने लगी और इस छीन-झपट में उसके चाकू की धार मेरे हाथ पर लगी और फर्र से खून का फौआरा छूट पड़ा। वह जानवर हो गया था। मेरा खून देखकर भी उसका जानवर ठंडा नहीं हुआ और मैं डर और तकलीफ से चीखने लगी।

"अरे कौन है ?" कहता हुआ एक आदमी अंदर घुस आया।

"कमीना, जानवर, छोड़ मुझे, नहीं तो तेरा खून पी जाऊँगी।" मैं जूझ रही थी।

उस आदमी को देखते ही रूपन मुझे छोड़कर खड़ा हो गया और उसे घूरने लगा।

और मैं उस आदमी के पास जाकर सिसकने लगी।

"कौन हो तुम !" रूपन ने डाँटकर पूछा।

"अरे मैं कोई होऊँ, लेकिन आप कौन हैं जो जानवर की तरह इस लड़की पर जुलुम ढा रहे हैं ?"

"तू मुझे नहीं जानता। यहाँ से सही-सलामत गुजरना चाहता है तो सीधे चला जा। मुझसे न टकर। मैं इस गाँव का राजा हूँ, जो चाहे कर सकता हूँ।"

"तो करके देखिए।" उसने अपनी गठरी उतार दी और लाठी तानकर खड़ा हो गया।

"जा, आज छोड़ दे रहा हूँ।" कहकर रूपन गुर्राया और धीरे-धीरे अरहर में घुसता हुआ दूसरी ओर निकल गया।

मैं हलहल काँप रही थी। हाथ से खून बह रहा था। "अरे खून तो ज्यादा बह रहा है।" कहकर उसने अपने अँगोछे को फर्र से फाड़ा और घाव पर लपेट दिया।

"कहाँ जाओगी, तुम्हें पहुँचा दूँ।"

मैंने अपने टोले का नाम बताया।

"अरे, मैं भी तो वहीं जा रहा हूँ।"

दोनों साथ चलते रहे।

"पढ़ती हो?"

"हाँ।"

"किस किलास में?"

"पाँचवीं में।"

"तुम मंगल माँझी की लड़की तो नहीं!"

मैंने 'हाँ' में सिर हिलाया। पूछा, "तुम्हे कैसे मालूम?"

"अरे नाते-रिस्ते में बड़ी चर्चा है कि मंगल माँझी की लड़की पढ़ती है।"

घर पहुँचने पर कुहराम मच गया। मेरा भाई रूपन का खून करने पर उतारू हो गया। पट्टीदारी के भी जवान लड़कों के बदन में आग लग गई। बड़े-बूढ़ों ने समझाया कि जल्दबाजी में कोई काम मत करो। इस गाँव में हम लोगों की ताकत ही कितनी है। ये बड़े लोग जुलुम भी करेंगे और सुर्खरू भी बने रहेंगे।

"नहीं काका!" एक जवान ने कहा, "इस गुंडे से सभी लोग परेसान हैं। हम लोग कुछ करेंगे तो लोग हमारा साथ देंगे। यह लोफर अपनी जाति की लड़कियों को भी तो नहीं छोड़ता। उन्हें भी तंग करता रहता है।"

पिताजी हँसे थे। बोले, "बेटे, तुम लोगों का खून गरम है लेकिन तजुरबा नहीं है। अरे ये सारे बाभन-ठाकुर अपने में भले लड़ें, लेकिन जब छोटी जाति का आदमी उनसे टकराता है तो उनकी इज्जत का सवाल आ जाता है, सब मिलकर एक हो जाते हैं।"

"मैं तो साले को नहीं छोड़ूँगा, चाहे मुझे फाँसी ही क्यों न हो जाए।" भाई गुर्रा रहा था।

लेकिन सबसे पहला काम तो यह हुआ कि उसी दिन मेरी पढ़ाई छुड़ा दी गई। दूसरा काम यह हुआ कि मेरे टोले के कुछ लोग ठाकुर बंसीलाल के यहाँ सिकायत लेकर गए तो मालूम पड़ा कि उल्टे मेरे ऊपर कीचड़ उछाला

गया। वहाँ बैठे लोगों ने हँस-हँस कर मजाक किए और कहा— ऐसी कौन-सी आफत आ गई कि तुम लोगों में इतनी हलचल मच गई है! अरे जवान लड़का है, जरा-सी छेड़खानी कर दी तो क्या हो गया?

लोग चुपचाप लौट आए, लेकिन मेरा भाई जैसे पगला गया था। गुर्रा रहा था— "इस साले को पाठ नहीं पढ़ाया तो मैं भी असल माँझी का लड़का नहीं।"

"मंगल भाई, और सब तो ठीक है लेकिन सबसे जरूरी बात यह है कि लड़की के हाथ पीले कर दो।" एक पड़ोसी ने कहा।

"हाँ भाई, मैं भी सोच रहा हूँ। कोई लड़का नजर में आ जाए तो यह काम तुरंत कर दूँ।"

यह भी मालूम पड़ा कि जिस लड़के ने मेरी इज्जत बचाई थी, वह पड़ोसी सुक्खू का सुरपुत है।

तीसरे दिन घाट से आ रही थी, वह नदी की ओर जा रहा था।

"कैसी हो अब?" उसने पूछा।

मैंने उसकी आँखों की ओर देखा। न जाने उसकी आँखों में क्या था कि मैं शरमा गई।

"घाव कैसा है?"

"ठीक है।" इस बार मैं घाव की ओर नजर गड़ाए बोली।

"ठीक है का क्या मतलब?"

"ठीक है का मतलब ठीक है और क्या?" कहकर मैं आगे बढ़ी। थोड़ी दूर जाकर मुड़कर देखा, उसने भी मुड़कर देखा। मैं मुस्करा पड़ी। वह भी मुस्करा पड़ा। और उस दिन मौसम खूब महकता रहा— बाहर से भीतर तक। मैं अपने घाव को सहलाती रही। उसने अपना अँगोछा फाड़कर जो पट्टी बाँधी थी, उसे पट्टी बदलते समय कहीं फेंक दिया गया था। मैं उसे खोज लाई और धोकर घाव के ऊपर लपेट लिया।

साम को दरवाजे पर बैठी थी। सामने नदी बह रही थी। पंछियों का जोड़ा नदी पर उड़ रहा था। एक बोलता था तो दूसरा उसका जवाब देता था। घाट पर से कोई गा रहा था। कितना मीठा गा रहा था।

"सुक्खू के साले का लड़का कितना मीठा गाता है!" पिताजी बोले।

'तो यह वही है। हाय, कितना प्यारा गाता है। जितना प्यारा है, उतना ही प्यारा गाता भी है।' मैंने मन-ही-मन कहा और इच्छा हुई, मैं भी फागुन का एक गीत अलाप उठूँ। लेकिन मैं पंछी तो नहीं हुई।

एक दिन सुना कि सुक्खू चाचा पिताजी से कह रहे थे कि दीपा के लिए मेरा सुरपुत कैसा रहेगा।

"ठीक तो रहेगा। अच्छा लड़का है, लेकिन उसके माँ-बाप तैयार हों तब न।"

"तैयार क्यों नहीं होंगे? जो मैं कहूँगा, वे वही करेंगे। हाँ, एक बात है।"

"क्या?"

"दीपा पढ़ी-लिखी है और बहादुर अपढ़ है।"

"अरे कौन वकील बैरिस्टर है। इससे क्या फरक पड़ेगा?"

"देख लो।"

तो बहादुर नाम है इनका ···! मैं मन-ही-मन दुहराने लगी— बहादुर ··· बहादुर दरअसल बहादुर है। हे भगवान, बहादुर के साथ मेरा ···। बहादुर, बहादुर, बहादुर ···।

"क्या है दीपा! मेरा नाम क्यों पुकार रही है।" बहादुर ने पूछा।

"मैं, मैं तुम्हारा नाम पुकार रही थी? धत्!"

"हाँ, अभी पुकार तो रही थी! क्या फिर कोई खराब सपना देखा था।"

"नहीं, मीठा सपना देखा था।"

"तुम बहुत सपने देखने लगी हो।"

"हाँ, जब जागते में कुछ नहीं होता तो सपने तो आते ही हैं।"

फिर एक चुप्पी छा गई।

मैं कितनी अभागी हूँ कि मेरे कारण ही मेरा भाई लापता हो गया। वह उसी दिन से पगलाया-सा घूमता था। उसकी आँखों को देखकर डर लगता था। पिताजी भी उसके इरादे को भाँप गये थे और उसे समझा-बुझा दिया था— "देख बेटा, दीपा की सादी का मामला चल रहा है, कोई बखेड़ा मत खड़ा कर देना।"

"नहीं ··· नहीं, ऐसा नहीं करूँगा लेकिन ···।" फिर वह चुप हो

जाता।

और वही हुआ, जिसका डर था।

मेरी सादी हो गई। ससुराल आ गई थी। एक दिन पिताजी आए। बहुत उदास थे। फिर रोने लगे थे।

"क्या हुआ पिताजी।" मैंने डर से काँपते हुए पूछा।

"हुआ क्या, वही हुआ जिसकी धमकी वह देता रहा। तीन-चार घंटा रात चढ़ चुकी थी। वह आया। भीगा हुआ था। उसकी आँखें देखकर लगता था कोई भूत आ गया है। 'क्या हुआ?' मैंने उससे पूछा। वह कुछ नहीं बोला। कपड़े बदलकर खटिया पर लेट गया।

"उधर साम से ही गाँव में सोर हो रहा था। लोग नदी की ओर भागे जा रहे थे। घाट के पास जाकर हल्ला कर रहे थे। कुछ लोग लालटेन और चोर बत्ती लेकर नदी के किनारे-किनारे आगे की ओर बढ़ रहे थे। मैं भी भागा-भागा गया था। मालूम हुआ, साम को रूपन बाबू अपने दो साथियों के साथ नदी में नहा रहे थे। एकाएक चिल्लाए, 'अरे मेरी टाँग पकड़कर कोई खींच रहा है!' साम का अँधेरा बढ़ता जा रहा था। कुछ साफ दिखाई नहीं पड़ रहा था। उधर पानी के नीचे-नीचे रूपन बाबू की टाँग पकड़कर कोई खींचे जा रहा था। वे चिल्ला रहे थे, 'अरे बचाओ, बचाओ।' लेकिन दोनों साथी चिल्लाए, 'अरे भागो रे ··· रूपन को बुड़वा पकड़े है!' दोनों जल्दी-जल्दी हाथ-पाँव मारते हुए किनारे भाग आए और चिल्लाते हुए गाँव की ओर दौड़े।··"

—अरे कोई आदमी रहा होगा?— कुछ ने संदेह किया लेकिन वे दोनों साथी कह रहे थे कि आदमी होता तो दिखाई नहीं पड़ता और रूपन भइया उससे लड़ते भी तो। वह चाहे बुड़वा रहा हो, चाहे मगरमच्छ। चारों ओर डर छा गया था। लोग कह रहे थे कि आज तक तो ऐसा नहीं हुआ।

"आरे, हमसे पूछो, तुम लोग कल के लौंडे क्या समझोगे? बहुत दिन पहले एक राही का बच्चा डूब मरा था। बरसात की नदी उफनाई हुई थी। नाव डगमगा रही थी, किनारे बैठी औरत के हाथ से बच्चा छूटा और नदी में जा गिरा— ये गया, वो गया। लोग चिल्लाते रह गए। बच्चे को नदी लील गई। क्यों मंगल, कुछ याद है?" एक बुजुर्ग-से आदमी ने कहा।

"हाँ मुझे याद है, तब पिताजी नाव खेते थे। उन्होंने बताया था।"

"बस यही बात है। वह बच्चा अब जवान हो गया है, अब करामात दिखाएगा ही!"

"अरे यह तो एक नई मुसीबत खड़ी हो गई।"

रूपन के माँ-बाप और घर के और लोग छाती पीट-पीटकर रो रहे थे। "अरे कोई खोजो रे, कोई पता लगाओ रे।"

"अरे रात को कोई कहाँ पता लगाएगा। नदी चढ़ती पर है। बुड़वा ने कहीं नीचे गाड़ दिया होगा, चाहे पानी के जानवर खा गए होंगे। अब सबेरे ही कुछ हो सकता है।"

सबेरे कई लोग नदी के किनारे चले। मैं भी था। थाने पर रपट कर दी गई थी। थानेदार आए, कुछ सिपाही साथ थे। लास का पता नहीं चल रहा था।

नदी के किनारे खेतों में काम करते हुए कुछ लोग पास आ गए। उन्होंने पूछा— क्या बात है? जब उन्हें मालूम पड़ा तो कहा— साहब, हमें कल रात को नदी में दो आदमियों की लड़ाई होते मालूम पड़ी थी। कुछ साफ दिखाई नहीं पड़ रहा था, खाली 'छोड़ दे-छोड़ दे' की कुछ आवाज सुनाई पड़ रही थी और दूसरी ओर से एक गुर्राहट सुनाई पड़ रही थी।

"इसका मतलब है कि बुड़वा खेला-खेलाकर मार रहा था।" किसी ने कहा। कई लोगों ने हुंकारी भरी। कई लोग डरकर काँपने लगे— "यह तो बहुत बुरा हुआ। इस गाँव के घाट पर एक नई मुसीबत सुरू हुई।"

"बकिए मत आप लोग। बुड़वा-सुड़वा की बात छोड़िए। यह बताइए कि क्या गाँव में इसकी किसी से रंजिस थी।"

"रंजिस वैसे तो किसी से नहीं थी। बाकी बहुतों से थी।" एक आदमी ने कहा।

"बको मत, साफ-साफ बताओ। पहेली क्यों बुझा रहे हो?"

"पहेली नहीं दरोगा साहब, बात यह है कि लड़का थोड़ा मनबहक था। सबसे छेड़खानी किया करता था, लेकिन किसी से कोई खास बात तो थी नहीं।" एक ने बताया।

"इधर किसी से कुछ खास तकरार तो नहीं हुई थी।"

"अरे हाँ, हुई थी। इसी मंगल माँझी की बेटी से उसने छेड़छाड़ की थी। ये लोग इसकी सिकायत लेकर बंसी बाबू के यहाँ गए थे, बस।"

मेरा तो जी धक्क से रह गया। अरे, यह मामला तो कुछ और ही रूप ले रहा है। मेरी आँखों के आगे महावीर की तसवीर खिंच गई। कल रात वह बहुत देर से घर लौटा था। भीगा था, उसकी आँखें देखकर डर लगता था।

"मंगल माँझी," दरोगा बोला, "तुम्हारे यहाँ कौन-कौन हैं, मंगल माँझी?"

"हजूर, मैं हूँ, मेरी जोरू है और मेरा लड़का महावीर है।"

"महावीर कितना बड़ा है?"

"अरे जवान है हुजूर। बड़ा लंबा-तगड़ा जवान है। अरे हाँ, हजूर, वह बहुत बड़ा तैराक भी है और डुबकी भी खूब मारता है। उसे क्यों नहीं नदी में पैठाते हैं, वह जरूर लास खोज लेगा।" एक आदमी ने बहबूदी में कहा।

"अच्छा!" दारोगा बहुत सैतानी से मुस्कराया और मेरा जी सनाका खा रहा था।

"कल साम को जब यह वारदात हुई तब वह कहाँ था?"

"मेरे साथ ही था हुजूर!"

"और तुम कहाँ थे?"

"मैं घर पर ही था हुजूर!"

"ठीक है, ठीक है।"

मुझे लगा कि मामला वहीं दब गया। लास नहीं मिली। सब लोग लौट आए। आकर मैंने महावीर से सारा हाल बताया। वह कुछ नहीं बोला। लेकिन मुझे उसकी आँखें देखकर डर लग रहा था।

मैंने पूछा, "बेटा, इस बारे में कुछ जानते हो?"

वह पहले तो चुप रहा फिर बोला, "हाँ, मैंने ही उस राच्छस को डुबो-डुबोकर मारा है।"

"यह तूने क्या किया महावीर! अब हम लोग भी उजड़ जाएँगे। दरोगा को सक हो गया है।"

हम लोग सोए ही थे कि आवाज आई— 'घेर लो इसके घर को।' अँधेरी बरसाती रात थी। हल्का-हल्का पानी बरस रहा था। चारों ओर भूत

की आँखों की तरह चोरबत्तियाँ जल उठीं।

'महावीर, महावीर' मैं फुसफुसाया। देखा तो उसका खाट खाली था। और पुलिस जब तक हमारे घर पर झपटे वह भागता हुआ निकल गया। पुलिस सीटी बजाती हुई उसके पीछे भागी कि वह नदी के पास जाकर छप्प से नदी में कूद गया। पुलिस अँधेरे में गोली दागती रही, लेकिन वह निकल गया।

"फिर तो पुलिस ने हमें इतना परेसान किया, इतना परेसान किया कि क्या बताऊँ बेटी।" और रोने लगे।

पिताजी चले गए, लेकिन मेरे मन पर एक बोझ लद गया। मैं अपने को अपराधिनी महसूस करने लगी। मेरे ही कारण मेरा भाई लापता हुआ। मेरे ही कारण मेरे माँ-बाप की दुरगति हुई।

अब तक भाई का पता नहीं चला। कितने साल हो गए। माँ रो-रोकर अंधी हो गई। पिताजी चुपचाप जिंदगी खींच रहे हैं।

6

"अरे दीपा, कहाँ हो?"

"लो, दूसरी ताड़का चाची आ गई!" दीपा भुनभुनाई।

और दरवाजे पर लगे खाट को बेरहमी से एक ओर पटककर एक सजी-धजी मोटी अधेड़ औरत घुस आई। चुपुर-चुपुर पान खा रही थी।

"अरे हो, घर पर हो! धन्न भाग हमारे कि दीपा रानी के दरसन हो गए। अरे कई दिन से दरसन नहीं दिया तो मेरी तबियत घबरा गई। सोचा—पता नहीं बेचारी को क्या हो गया। चलूँ देख तो आऊँ। उमेद तो नहीं थी कि दरसन होंगे। लोगों ने बताया था कि अब दीपा इस मोहल्ले को दरसन नहीं देती, दूसरे मोहल्लों को दरसन देती घूमती है। मैंने कहा, तो भी एक कोशिश तो करूँ ही, शायद मेरी तकदीर अच्छी हो।"

फिर उसने वहीं पान की पीक थूक दी और बोली, "तो दीपा रानी आराम फरमा रही हैं। अच्छा कर रही हैं, बाहर के ब्याह-शादियों में काम

करते-करते थक गई होंगी और हलवा-पूड़ी खाते-खाते अपच हो गया होगा। अच्छा कर रही हैं—आराम फरमा रही हैं।"

दीपा कुछ नहीं बोली लेकिन बहादुर बोला, "बीबीजी, आराम फरमाना हमारी किसमत में कहाँ है? इसे बोखार है। ये तो काम पर जा रही थी। मैंने ही जिद की कि एक दिन आराम कर ले, नहीं तो कई दिन के लिए पड़ जाएगी और बीबीजी लोगों के काम का हरज होगा।"

वह मटककर बोली, "अरे मरद कहे जो औरत को आराम करना ही चाहिए। मैं कहाँ कुछ कह रही हूँ, वे तो लोग हैं जो पता नहीं क्या-क्या कहते रहते हैं। कैसे-कैसे लोग हैं। कहते हैं कि आजकल बन-ठनकर शादियों में जाती है, पैसे भी मिलते हैं और राग-रंग भी रहता है। मैंने कहा— क्यों न जाए, अरे जवान है, मरद बीमार है, बेचारी को अकेले कमाना पड़ता है। बीमार मरद औरत को कुछ भी तो नहीं दे सकता और लोगों से जो पैसे लिए थे वे तो मकान में खरच कर दिए। अब वह हम लोगों के यहाँ काम करके क्या पाएगी? क्यों दीपा, मैंने ठीक कहा न!"

"हाँ, हाँ, ठीक ही कहा। तुम नहीं ठीक कहोगी तो कौन कहेगा? पैसेवाले लोगों की बात कभी बेठीक भी होती है?" कहकर दीपा हाँफने लगी। उसके मन में न जाने कितना कुछ आया, लेकिन कह नहीं पाई। भीतर-भीतर तड़पने लगी।

"अच्छा दीपा, चलती हूँ। लोग धमकियाँ दे रहे थे। कह रहे थे कि वह बेईमानी पर तुली हुई है। न ठीक से काम करती है न पैसे वापस करती है। मैंने उन्हें समझा दिया— नहीं, ऐसी बात नहीं। वह ईमानदार औरत है, पैसे वापस करने के लिए अपना मकान बेच देगी। लोगों ने कहा— अरे आप किस भरम में हैं। वह एक ही काइयाँ है। हम लोगों के काम छोड़कर यहाँ-वहाँ न जाने क्या-क्या करती घूम रही है। वह दे चुकी पैसे। मैंने कहा— अरे भले लोगो, जरा सबर से काम लो। वह पैसे देगी क्यों नहीं? और मैं तो जिस दिन चाहूँगी ले लूँगी हाँ।" कहकर उसने फिर पिच्च से पीक थूकी।

"अच्छा दीपा, चलती हूँ। तुम आराम फरमाओ, किसी की परवाह मत करो, लोग तो कहते ही रहते हैं।"

"कहना हो तो खुद ही कह लो सेठानी, दुनिया-भर की आड़ क्यों लेती

हो ?" दीपा से नहीं रहा गया। वह उठकर बैठ गई।

"अरे तुम्हें तो मेरे ऊपर गुस्सा आ गया। मैं क्या तुमसे डरती हूँ जो लोगों की आड़ लेकर कहूँगी। मुझे कहना होगा तो सीधे कहूँगी। लेकिन जब कहने के लिए लोग ही काफी हैं तो मैं क्यों कहूँ ? मैं कहती नहीं, करती हूँ, समझी ?"

"समझी। आपकी बात भी समझी और आपको भी समझती हूँ और बहुत कुछ देखती-समझती आ रही हूँ आप लोगों के घरों में। दुनिया खुद पता नहीं क्या-क्या करती है, यहाँ दो दिन काम पर नहीं गई तो हर घर में भूचाल आ गया।"

"अरे चुप रह दीपा।" बहादुर ने डाँटा।

"देख रहे हो न अपनी मुँहजोर बीवी को। अच्छा मैं चलती हूँ, देख लूँगी!"

वह औरत चली गई।

"दीपा, तुम इस तरह बड़े लोगों की औरतों से लड़ोगी तो कैसे काम चलेगा ?"

"बड़े घर की औरतें ? बड़ी आई बड़े घर की औरत। बड़े घर की औरतों का और मरदों का सारा हाल मैं जानती हूँ।"

"अरे हाल लेकर हमें क्या करना है ? मुसीबत के दिन हैं। अपनी चादर समेटकर चलना है। सबका कुछ-न-कुछ लिया है तो लोग बोलेंगे ही, सबसे झगड़ने से कैसे काम चलेगा ?"

"मुसीबत के दिन हैं तो क्या हुआ ? मेहनत करती हूँ, कमाती हूँ। मैं कहाँ झगड़ती हूँ ? ये ही सब आकर पता नहीं क्या-क्या बक जा रही हैं। और थोड़ा-बहुत बहाना मैंने भी बना लिया, थोड़ा झूठ बोल लिया तो क्या हो गया ? अपनी गरीबी के कारण किया है। लेकिन ये सब जो झूठ-फरेब रचते हैं, दुनिया-भर की बेईमानी करते हैं वो किसलिए करते हैं ? तिजोरी भरने के लिए। इस औरत को तुम जानते हो ?"

"नहीं, मैं भला क्यों जानने लगा और जानकर क्या करूँगा ?"

"तो लो, सुन लो, मैं सुनाती हूँ। इसका मरद इंसपेक्टर है किसी मोहकमे में। हरामी रोज हजारों की गड्डी लाता है।"

"तुम्हें कैसे मालूम!'

"अरे मैं उसी घर में काम करती हूँ, मुझे नहीं मालूम होगा?— इसका बेटा, रोज पैसे के लिए इससे लड़ता है। बाप कहता है— 'साला पढ़ता-लिखता है नहीं, रोज पचीस-तीस रुपए खर्च के लिए चाहिए।'

"बेटा कहता है— 'आप ही कौन विद्दमान हैं। हजार-हजार की गड्डी रोज लाते हैं क्या विद्दमान बनकर? क्या कीजिएगा इतने रुपए बटोरकर? कुछ हम लोगों पर खर्च किया कीजिए।'

" 'चुप रहो, गुंडों की सोहबत में पड़कर मेरी सारी कमाई फूँकने पर तुले हुए हो। मैं अब तुम्हें एक पैसा नहीं दूँगा।'

" 'आपकी सोहबत कौन धर्मात्माओं की है! आप लोग भी तो गैंग बनाकर जनता को लूटते हैं। कोई गरीब आदमी भी रोए-गिड़गिड़ाए तो रहम नहीं। और पैसे तो आप देंगे ही, नहीं तो मैं पुलिस में रिपोट कर दूँगा।'

"और वे पैसे देते हैं। नहीं देते हैं तो झगड़ा करता है, गाली-गलौज करता है, मारने की धमकी देता है। इंसपेट्टर साहब इतना पैसा कमाने पर भी गंदे कपड़े पहने घूमते हैं और बेटा रोज नए-नए फैसन के कपड़े बनवाता है, पहनता है, घूमता है, सिनेमा देखता है, जुआ खेलता है, होटलों में खाता-पीता है।

"इंसपेट्टर साहब का पूरा खानदान अजीब है। यह औरत भी बहुत अजीब है। इसे लोग सेठानी कहते हैं। इसे भी इंसपेट्टर साहब से कोई वास्ता नहीं। यह बन-ठनकर मटकती हुई घूमती रहती है या पड़ोसिनों से गलचौर करती रहती है। न जाने कौन-कौन लोग आते रहते हैं इसके घर में। सेठानी हँस-हँस कर बातें करती है और न जाने उनके साथ कौन-कौन संबंध बताती रहती है। कोई उसका दूर का भाई होता है, कोई दूर का देवर होता है, कोई अपने सहर का होता है और इसकी लड़की अभी दसवीं में पढ़ती है, लेकिन उसका भी पढ़ाई-लिखाई में मन नहीं लगता। फैसन करके घूमती है। उसकी तो जवानी अभी से फटी पड़ रही है और चटक-मटक में माँ से भी आगे है। चलती है तो जैसे सराब पिए हुए हो। चारों ओर आँख फेंकती रहती है और हल्के-हल्के मुस्कराती रहती है— उससे मिलनेवाले कुछ लड़के आते हैं। सेठानी कभी-कभी डाँटती है— 'ये क्या तमासा मचा रखा है। न पढ़ना न

लिखना, दुनिया-भर के लड़कों को घर में बुला लेती है। ये लच्छन अच्छे नहीं हैं। इस घर की इज्जत का कुछ तो खयाल करना चाहिए।'

" 'कौन करता है इस घर की इज्जत का खयाल? और कौन किस आदमी का खयाल करता है? तुम करती हो पापा का खयाल? पापा या तुम करती हो हम लोगों का खयाल? भाई करता है किसी का खयाल? क्या खयाल करने का सारा ठीका मैंने ही ले लिया है? पैसे के सिवा इस घर में क्या है मम्मी, जिसका खयाल किया जाए?'

" 'बकवास मत करो, दो गज की जबान चलाते हुए सरम नहीं आती। इन लौंडों का इस घर में आना-जाना ठीक नहीं है।'

" 'और ये जो इतने लोग तुमसे मिलने आया करते हैं, वे क्या ठीक करते हैं?'

" 'इनकी उनकी बराबरी है क्या? ये लोग अपने संबंधी हैं, आएँगे नहीं?'

" 'हुंह, संबंधी हैं, जैसे मैं कुछ नहीं जानती, अबोध बच्ची हूँ।'

" 'नहीं, तू बच्ची कैसे है? तू तो मेरी दादी है।'

" एक दिन मैं बरतन माँजने गई तो भीतर से दरवाजा बंद था।"

खर्र-खर्र-खर्र—

दीपा ने मुड़कर देखा— बहादुर खर्राटे भरने लगा था।

"ये देखो, मैं इसे सेठानी की कहानी सुना रही हूँ और यह न जाने कब से सो रहा है। धत्तेरी की!"

वह चुप हो गई, लेकिन जो कथा-सूत्र उसकी जबान ने छोड़ा था उसे उसके मन ने नहीं छोड़ा— मैंने किवाड़ थपथपाया। थोड़ी देर बाद सेठानी निकली। उसके बाल बिखरे थे, कपड़े भी इधर-उधर हो गए थे। आँखों में अजीब लाली थी।

"ओह सो गई थी। देर से खाना खाया था।"

मैं कुछ बोली नहीं, जाकर बरतन माँजने लगी। देखा, पीछे का दरवाजा खुला था।

मैंने कहा, "बीबीजी, पीछे का दरवाजा खोलकर सोया मत कीजिए, आजकल चोरियाँ बहुत हो रही हैं।"

"अरे हाँ रे, पता नहीं कैसे खुला रह गया था।" उन्होंने जाकर बंद कर दिया। तभी आगे के दरवाजे को किसी ने खटखटाया।

"कौन ? आ जाइए।"

एक जवान आदमी अंदर घुस आया। उसने एक बार मेरे ऊपर नजर डाली, फिर सेठानी को देखकर मुस्कराया।

"बैठिए।" सेठानी बोली।

मैंने इस आदमी को अक्सर इस परिवार में आते देखा था। और जब भी आता है, इसके चेहरे पर एक अजीब बात लिखी होती है।

"मैं बैठने नहीं आया हूँ। आप तैयार होकर मेरे साथ चलिए, घर पर एक जरूरी काम है।"

"ठीक है, अभी चलती हूँ।"

वह तैयार होकर मेरे पास आई। बोली— देखो दीपा, मैं जा रही हूँ। बच्चे हैं नहीं, साहब देर से आते हैं। तुम बरतन माँजकर थोड़ी देर बैठ जाना। बच्ची इसकूल से आ जाएगी तो चली जाना और अगर बहुत देर होने लगे तो यह कुंजी लो, ताला बंद करके कुंजी पड़ोस में दे देना।

मैं कुछ कहूँ, उससे पहले वह निकल गई। खूब सजी थी। बरतन मलते-मलते मैंने मुड़कर देखा, वह आदमी सेठानी के पुट्ठे पर हाथ फेरता हुआ बढ़ रहा था।

सेठानी ने झटककर उसका हाथ फेंक दिया— जैसे कहा हो, 'क्या करते हो, दीपा देख लेगी।'

बरतन मलकर बैठी थी कि बिटिया इसकूल से आए तो मैं जाऊँ। तभी इसकूटर के रुकने की आवाज आई। 'अरे साहब हैं क्या? लेकिन अभी।'

वे अंदर आ गए। पुकारा— 'सोभा।'

"वे तो नहीं हैं साहब ! कोई साहब आए थे, उनके साथ गई हैं।"

"कौन साहब थे ?"

"मुझे क्या पता साहब ! होंगे आपके नाते-रिस्ते के कोई।"

साहब हँसे, "एक कप चाय बना दोगी दीपा ?"

"हाँ साहब, क्यों नहीं ?"

साहब चाय पीने लगे। मैं खड़ी थी।

"अब चलूँ साहब?"

"अरे अपने लिए नहीं बनाई?"

"नहीं साहब, मैं चाय पीकर आई थी। अब चलती हूँ।"

"थोड़ा बैठ जाओ दीपा!"

मैं बैठ गई।

"तुम्हारे मरद की क्या हालत है दीपा?"

"वैसे ही हैं। अब तो लेटे-लेटे उनके सरीर में कई घाव भी हो गए हैं। उनसे मवाद निकलता रहता है।"

"बहुत बुरा हुआ। एक तरह से तुम भी अकेली हो गईं।"

"नहीं साहब, ऐसी कोई बात नहीं। काम करते-करते आदमी अकेला नहीं लगता।"

"हाँ, ठीक कह रही हो। लेकिन खाली काम ही तो आदमी का साथी नहीं होता दीपा! अब मुझे देखो, सुबह से साम तक काम करता रहता हूँ। काम ही काम। लेकिन इस घर में मैं कितना अकेला हूँ। लड़का मनबढ़ निकल गया। बीवी को मेरी चिंता ही नहीं। आफिस से थका-माँदा आता हूँ तो वह कभी घर में होती है, कभी नहीं होती और घर में पता नहीं कौन-कौन आता रहता है। मेरे साथ उसका कोई लगाव ही नहीं रहा। एक लड़की है, वह भी पढ़ती-वढ़ती नहीं और उसकी भी दुनिया अलग है। मुझे तो कोई पूछता ही नहीं, बस मैं पैसा कमाने की मसीन बन गया हूँ।"

"साहब, एक बात कहूँ? पैसा न रहे तो भी बहुत बुरा होता है और पैसा बहुत रहे तो भी बहुत बुरा होता है।"

"हाँ, यह भी ठीक कह रही हो।" वे बार-बार एक अजीब निगाह से मुझे देख रहे थे।

"दीपा!"

"हाँ साहब!"

"तुम मुझे बहुत अच्छी लगती हो।"

"आपकी मेहरबानी है साहब!"

"अरे नहीं, यह बात नहीं। तुम इतनी अच्छी लगती हो कि सोचता हूँ

कि सोभा की जगह तुम मेरी बीवी बनी होतीं तो कितना अच्छा रहा होता।"

मैं घबरा गई। लगा, साहब के ओठों से राल टपक रही है। वे हाँफने लगे थे। उनका चेहरा बिगड़ता जा रहा था और उनके गंदे दाँतों से मुझे बदबू आने लगी थी।

"दीपा, तुम इतने दिनों से हमारे यहाँ काम कर रही हो, लेकिन मैं भी कितना अंधा था कि तुम्हारी जरूरतें नहीं पहचान सका। मरद बेबस होकर पड़ा हुआ है और तुम अकेले खट रही हो। पैसों की जरूरत तो पड़ती ही होगी।"

कहकर उन्होंने अपनी जेब से रुपयों की एक गड्डी निकाली और उसमें से सौ का एक नोट मेरी ओर बढ़ाया, "लो, ले लो।"

"नहीं साहब, मैं इस तरह के काम नहीं करती हूँ।" कहकर मैं झटके से भाग आई थी।

साला मुझे रंडी बना रहा है। समझता है, पैसे से सबकुछ खरीद लेगा। कितनों का गला काट-काटकर रुपये बटोरता है तो उसमें भला बरकत कहाँ से होगी। पैसे देने चला है? इसकी बीवी से मकान बनवाने के लिए पाँच सौ रुपये कर्ज माँगे थे। बीवी ने झल्लाकर गाली दी— 'सदावर्त बँट रहा है यहाँ? तुम लोगों के दीन-इमान का क्या भरोसा? रुपए लिए और दूसरे दिन चलता बने। तुम्हारा कोई क्या कर लेगा? कोई वसूलना भी चाहेगा तो कहाँ से वसूलेगा।'

ठीक है, मैं मन मारकर रह गई थी। बड़ा काम था— पचास रुपए महीने का काम, नहीं तो छोड़ दिया होता।

जब अपना काम पड़ता है तो ये पैसेवाले कैसे घिघियाने लगते हैं।

एक दिन मैं जनकपुरी में काम करने गई थी। साम को लौटने लगी तो गरमी बहुत थी। बड़े पार्क में जाकर घास पर बैठ गई। उसके पास काफी फूल-पौधे थे। आसपास सन्नाटा था और कुछ दिखाई नहीं पड़ रहा था। उसके पास ही एक बेंच था। उस पर एक औरत और आदमी आकर बैठ गए। एकदम सटकर बैठे थे और लगता था मरद के हाथ औरत के सरीर पर घूम रहे थे। उन्होंने आसपास देखा, जैसे यह जानना चाहते हों कि कोई आसपास है तो नहीं। वे बोलने लगे।

मुझे लगा कि ये आवाजें जानी-पहचानी हैं। मैं साँस साधे बैठी थी कि इन्हें मेरी आहट न मिले।

"मैं तुम्हारे बिना जी नहीं सकती सुधेस!"

"अरे तो मैं ही कहाँ जिंदा हूँ तुम्हारे बिना आभा! जिस दिन तुम्हें देखा, उसी दिन लुट गया।"

आभा है यह? अब मेरे मन में सक नहीं रहा। इंसपेट्टर साहब की लड़की साहिबा और ये सेठानी साहिबा के आसिक साहब!

"जाइए, झूठ बोलते हैं। आप तो मेरी माँ के लिए जाते हैं।"

"अरे माँ का तो एक बहाना है मेरी जान! जाता तो मैं तुम्हारे लिए ही रहा हूँ। अब दिखाने के लिए तुम्हारी माँ के साथ उठना-बैठना तो पड़ता ही है।"

"जाओ, झूठ बोलते हो।"

"नहीं मेरी जान, एकदम सच बोलता हूँ।"

"मेरी माँ भी खूब है, अभी तक उसकी हवस नहीं गई।"

"उसका भी क्या कसूर? तुम्हारे बाप जान तो खाली पैसा कमाने में लगे रहते हैं। कभी यह भी सोचते हैं कि औरत किसे कहते हैं।"

"तो आपके मन में माँ के लिए बहुत हमदर्दी है। है तो वहीं जाइए, मुझे क्यों बुलाया है।"

"नाराज हो गई न! सच कहता हूँ— मैं तुम्हारे घर गया किसी के लिए नहीं, तुम्हारे पिता इंसपेट्टर हैं न, उन्हीं से काम था। गया था उन्हीं से मिलने लेकिन कई बार जाने पर उनसे भेंट नहीं हुई और तुम्हारी माँ ने मुझे अपने साथ कर लिया। लेकिन दरअसल मैंने सुरू में ही तुम्हें देख लिया था और तुम्हें पाने की इच्छा मेरे भीतर जाग गई थी, इसलिए तुम्हारी माँ के साथ होने का बहाना बना लिया।"

ओह, कितने धूर्त हैं ये सब। यह लड़की घर में इसे अंकल कहती है और यहाँ दूसरा ही गुल खिल रहा है। मैंने सोचा। इच्छा हुई, उठकर दोनों पर थूक दूँ लेकिन ···।

"लेकिन अब तुम्हारे बिना नहीं रहा जाता सुधेस, ऐसे छिप-छिपकर मिलने में मजा नहीं आता। जी में आता है तुम्हें पाऊँ। बाँहों में जकड़ कर

अपना हाड़-हाड़ चटका दूँ, रहा नहीं जाता अब।"

"मेरा भी वही हाल है मेरी जान! यहाँ न मेरे घर में मिलने की गुंजाइस है न तुम्हारे घर में। चलो, कुछ दिन के लिए कहीं दूसरे सहर में भाग चलें।"

"हम लोग सादी क्यों नहीं कर लेते सुधेस ···।"

"सादी तो कर लें, लेकिन घरवालों की ओर से सौ मुसीबतें खड़ी होंगी, जाति-पाँत का झगड़ा चलेगा। हम लोग बाहर चलकर ही कचहरी में सादी कर लेंगे।"

"हाँ, बात तो ठीक कह रहे हो। कब?"

"मैं सोचता हूँ कल तुम तैयारी कर लो, परसों सुबह चार बजे तैयार होकर घर से निकल आओ, मैं बाहर मिल जाऊँगा। फिर निकल चलेंगे।"

"तैयारी क्या-क्या करनी है?"

"अरे यही कपड़े-लत्ते। कुछ रुपए, कुछ जेवर।"

फिर दोनों ने इधर-उधर देखा और एक-दूसरे का चुम्मा ले लिया और निकल गए।

हरामी का पिल्ला! नरक का कीड़ा! माँ के साथ गुलछर्रे उड़ाता हुआ बेटी के साथ भी उड़ाने लगा। यह हरामी छटा हुआ बदमास लगता है। इस लड़की को ले जाकर कहीं बेच-बाच देगा, चाहे कुछ दिन रस लेकर कहीं और चल देगा।

छिः छिः, पार्क में बैठकर कैसे दोनों बेसरम एक-दूसरे पर हाथ फेर रहे थे। जंगली सूअर कहीं के ··· सोचते-सोचते उसे लगा कि एक जंगली सूअर उसके भीतर भी हाँफ रहा है होंफ-होंफ-होंफ ··· लगा कि एक आभा उसके भीतर भी बोल रही है। 'जी में आता है किसी को पाऊँ और बाँहों में जकड़कर अपना हाड़-हाड़ चटका दूँ। कितने दिनों से नसें जकड़ गई हैं।' सोचते-सोचते उसे बसंत याद आ गया। कितना अच्छा लगता है बसंत! साल हो गया बहादुर को पड़े हुए। इस बीच बसंत लगातार आता रहा। कहता है जब से इस घर से जुड़ा है, उसकी उदासी कुछ कम हुई है। अपने भीतर का हाल अब भी नहीं कहता है। रात को वह गीत अब भी गा उठता है। बी. ए. पास हो गया है। कहता था कोई नौकरी खोज रहा है लेकिन कौन देता है नौकरी एक बेपहचाने आदमी को। उसका उदास चेहरा देखती हूँ तो

मन होता है— उसका सारा दरद खींच लूँ। हाँ, सालभर हो गया बहादुर को पड़े हुए।

मैं पार्क से निकल चुकी थी। बस-स्टैंड पर खड़ी हो गई। बस आई। बैठ गई। सोच नहीं पा रही थी, क्या करूँ? मुझे सीधे सेठानी के यहाँ जाना चाहिए। ऊँह! मुझे क्या गरज है सेठानी के यहाँ जाने की। ··· नहीं, नहीं, जाना चाहिए, नहीं तो उनकी बेटी उढ़र जाएगी। उढ़र जाती है तो उढ़र जाए, मुझे क्या? बड़ी आई इज्जतवाली सेठानी! खुद ने ही तो आग लगाई है। चालिस से ऊपर की हो गई, उसकी हवस ही नहीं मानती है, भीतर आँवाँ के लिए घूमती है। मुझे क्या गरज है सेठानी के मामले में पड़ने की। ··· नहीं, लेकिन बेटी का मामला है। यह बेवकूफ लड़की इस जंगली सूअर के चंगुल में पड़कर बरबाद हो जाएगी। जब उसे होस आएगा, तब उसका सबकुछ लुट चुका होगा। मुझे अपने गाँव के रूपन और आभा को भगाने का विचार करनेवाले इस सहरी मरद में कोई फरक नजर नहीं आया। औरत भटकती कम है, भटकाई ज्यादा जाती है। मुझे कहना ही चाहिए। अब कल कह दूँगी।

इसी ऊहापोह में स्टैंड आ गया। मैं उतरकर घर की ओर चली, लेकिन अनजाने मेरे पाँव सेठानी के घर की ओर मुड़ गए।

"क्या बात है दीपा, इस समय कैसे?" परेसान-सी सेठानी बोलीं।

"इधर से जा रही थी, सोचा आपसे मिलती चलूँ। एक काम था लेकिन आप परेसान क्यों हैं?"

"परेसान? नहीं तो, परेसान कहाँ हूँ?"

"आप अकेली हैं, आभा बिटिया कहाँ हैं?"

"वही तो परेसानी है। कह गई थी कि आज इसकूल से एक सहेली के घर जाएगी। आने में थोड़ी देर हो जाएगी, लेकिन अभी तक नहीं आई। न जाने कहाँ रह गई?"

"सहेली का पता जानती हैं?"

"नहीं, सो तो नहीं जानती।"

"बिना जाने-सुने क्यों भेज देती हैं? कम-से-कम सहेली का पता-ठेकाना तो मालूम होना चाहिए।"

"अरे तू तो हुकुम चलाने लगी। मेरे घर का मामला है, तू क्यों बीच

में कूद पड़ी ?"

"ठीक है, नहीं कहूँगी। मन को बहुत समझाया कि तू दूसरे के मामले में न कूद लेकिन वह नहीं माना। कूदने चला आया। चलती हूँ, अब आगे और कुछ कहूँगी तो आप सह नहीं पाएँगी और मेरे बाल पकड़कर घर से निकाल ही देंगी।"

मैं चलने लगी तो सेठानी को कुछ सक हुआ। पुकारा— "अरे दीपा सुन, क्या बात है, बता न, कुछ खास बात है ?"

मैं जाते-जाते रुक गई। बोली, "हाँ, खास बात न होती तो इस समय क्यों आती ?"

"क्या बात है, बता ?"

"यहाँ नहीं, अंदर चलिए।"

अंदर जाकर मैंने सारी बात बता दी। केवल भागने की बात नहीं बताई।

"तू ठीक कह रही है ? कोई कहानी तो नहीं बना रही है ?"

"लो भला, मैं कहानी क्यों बनाने लगी ?"

"तूने खुद अपनी आँखों देखा है ?"

"अरे हाँ बीबीजी, मैंने खुद देखा है।"

"मुझे विश्वास नहीं होता।"

"हो जाएगा जब परसों सवेरे आभा बेटी उस खूसट के साथ भाग जाएँगी।"

"क्या ?" वे चीखीं।

"हाँ, परसों सुबह का उनका यही परोगराम है।"

"साफ-साफ बता न। रह-रहकर पहेली क्यों बुझा रही है ?"

मैंने उन्हें वह सब भी बता दिया।

"कमीना, हरामी, दगाबाज।" वे दाँत पीस-पीसकर गाली देती रहीं, "आए हरामी यहाँ ··· जूती से मार-मार कर उसका सिर गंजा कर दूँगी।"

"अब आपके यहाँ वह क्यों आएगा ? जिस चीज के लिए वह आता था, वह चीज तो उसे मिल गई।"

"मैं उस हरामजादे के घर जाकर मारूँगी, लेकिन उसका घर भी तो

नहीं जानती।"

"आप कुछ न कीजिए, बेटी के भागने के समय होसियार रहिए। वह सड़क पर खड़ा मिलेगा लेकिन उससे कुछ कहने-सुनने से घर की बात बाहर फैल जाएगी।"

"हाँ, ठीक कह रही हो। कुछ सोचते नहीं बनता।"

और सेठानी तथा इंसपेक्टर ने मिलकर आभा का भागना फेल कर दिया। बात घर में ही दब गई लेकिन सायद सेठानी को चिंता हुई कि दीपा इस बात को कहीं कह न दे। तभी तो उन्होंने दो दिन बाद अकेले में रोकर कहा, "दीपा, मैं तेरा अहसान कभी नहीं भूलूँगी। लेकिन एक अहसान और कर दे।"

"बताइए बीबी जी!"

"यह बात बाहर न जाने पाए।"

"मेरे से बाहर नहीं जाएगी बीबी जी, आप इतमिनान रखिए। यही करना होता तो आपको बताती काहे को।"

"हाँ सो तो है, फिर भी एक बार कह देना ठीक समझा।"

मैं चलने लगी तो उन्होंने मेरा हाथ अपने हाथ में लेकर मेरी मुट्ठी में कोई चीज ठूँस दी। मैंने देखा कि कुछ रुपए थे।

"हाँ, पाँच सौ हैं। तूने मकान बनाने के लिए माँगा था न। अब धीरे-धीरे चारों ओर से पैसे इकट्ठा कर मकान बनवा ही ले।"

"जी बीबी जी!" मैं वहाँ से चली तो मन ने कहा— यह घूस है दीपा तेरे न बोलने का। मुझे हँसी आ गई— वाह रे बड़े लोग!

अब वह बात दब गई। कहीं चर्चा नहीं हुई। अब सेठानी जी को काहे की चिंता? अब तो मैं कुछ कहूँगी तो कह देंगी कि पैसे खाकर बैठ गई और माँगने पर बदनामी कर रही है। मगर मैं क्यों बदनामी करने लगी, बदनामी तो मेरी वे कर रही हैं। सौ-सौ चूहा खाकर वे लोग सुर्खरू बने हुए हैं और मेरा मरद बीमार क्या पड़ा, लोगों को मेरे बारे में तरह-तरह की बातें बनाने का मौका मिल गया।

भट भट भट भट ··· यह तो ओवरसियर की मोटर सायकिल है। रोज घूमती रहती है भट ··· भट ··· भट ···। कभी इस गली में, कभी

उस गली में। मैं इस मोहल्ले में कब से हूँ और इस मोहल्ले का बढ़ना देखती आ रही हूँ। उत्तम नगर कितना बढ़ गया। आर्य समाज रोड के नाम पर तब एक ऊँची-नीची और गड्ढों से भरी कच्ची सड़क थी जिसमें यहाँ-वहाँ गंदा पानी और कूड़ा-कचरा भरा होता था। न यह गुरुद्वारा था, न आर्य समाज मंदिर था, न बाणी बिहार था, न विजय बिहार था, न मानस-कुंज था न कोई कुंज था। कितना डरावना था यह इलाका। उत्तम नगर और बिंदापुर गाँव के बीच की जगह बीरान पड़ी थी। मुझे याद है जब बीराने में छः-सात मकान बने थे, तब एक घर में काम करने जाना पड़ता था। दिन को ही डर लगता था। साम से ही चोर-उचक्के चक्कर लगाने लगते थे। बिजली तो थी नहीं, एक डरावना अँधेरा दिन डूबते ही पसर जाता था। मुझे यहाँ काम करने की हिम्मत नहीं होती थी लेकिन काम की जरूरत थी, आना ही पड़ता था। दोपहर का बरतन मैं तीन-चार बजे तक माँज जाती थी। उस दिन देर से काम करने पहुँची। काम करके निकली तो सामने से कोई जानवर निकला। मैं ठिठक गई। वह दूर जाकर खड़ा हो गया। मैं सहम गई। कुछ कुत्तों के भूँकने की आवाज आई, वह जानवर भाग गया।

"अरे, वह तो सियार था। तू सियार से डरती है? हम लोगों को देख किस सान से इस जंगल में रह रहे हैं और एक तू है कि सियार से डर गई।"

मकान-मालिक चौधरी साहब बाहर से अचानक आ गए थे और उन्होंने मुझे डरते हुए देख लिया था। उन्होंने मेरा हाथ पकड़कर कहा, "चल तुझे वहाँ पहुँचा आऊँ। बड़े दुख की बात है कि तू सियार से डरती है।"

मैंने अपना हाथ छोड़ाते हुए कहा था, "नहीं, सियार से नहीं, आदमी से डरती हूँ। आप थके-माँदे आ रहे हैं, जाइए, अंदर जाइए। बहूजी आपका रास्ता देख रही हैं। मैं चली जाऊँगी।" और झटके से वहाँ से चल पड़ी थी।

आगे बढ़ी तो सामने से कोई चीज सरसराती हुई निकल गई, लगा साँप है। मैं ठिठककर खड़ी हो गई।

आज मैं कहाँ फँस गई। अपने को गाली दे रही थी— देर हो गई थी तो न आई होती, कौन ऐसी मुसीबत आ जाती। कुछ दूर पर एक छाया दिखाई पड़ी, फिर दो छायाएँ दिखाई पड़ीं। मैं मन-ही-मन हनुमान जी का नाम जपने लगी। कौन हैं ये दो छायाएँ। सायद कोई किसी को लूट रहा है— छुरा

दिखाकर चुप किए हुए है। या कोई मरद-औरत मालूम पड़ रहे हैं, एक-दूसरे से लिपट रहे हैं। अँधेरे में कुछ साफ दिखाई नहीं पड़ रहा है।

मैं थर-थर काँप रही थी। आगे बढ़ने की हिम्मत नहीं हो रही थी। मुझे लगा कि आगे एक दूसरी ओर सुनसान में कुछ लोग चक्कर काट रहे हैं। कुछ लोग साँय-साँय बातें कर रहे हैं। इच्छा हुई पीछे भाग चलूँ। लेकिन तब वही चौधरी साहब जी कहेंगे कि सियार से डरती है और हाथ पकड़कर घर की ओर ले आएँगे और तब ···। नहीं ··· नहीं, उसे ऐसा नहीं सोचना चाहिए। ये सरीफ लोग हैं लेकिन न जाने क्यों साहब की आँखों से मुझे डर लगता है। वे जब देखते हैं तब उनकी आँखों में एक अजीब तरह की बात होती है। उनकी औरत भी उन पर सक करती है। एक दिन मैं पहुँची तो अंदर से झगड़े की आवाज आ रही थी। मैं बाहर ही ठिठक गई। बीबी जी साहब को डाँट रही थीं— "तुम तीन बच्चों के बाप हुए लेकिन अपनी आदत से बाज नहीं आओगे।"

"अरे क्या हुआ, क्या हुआ, तुम खामखाह ही जब देखो तब मुझ पर पिल पड़ती हो। मैं सबसे मीठे बोल बोल लेता हूँ, गा-बजा लेता हूँ, यह कोई अपराध है?"

"नहीं, नहीं, इसे अपराध कहाँ मानती हूँ? मैं तो चाहती हूँ कि दुनिया-भर की औरतों के दर्द पर फाहा लगाते फिरो। मेरा मरद महान कहलाए, इससे अधिक गरब मुझे और क्या हो सकता है? मैं भी सिर ऊँचा कर कह सकूँ कि दुनिया-भर के मरद कितने निकम्मे हैं कि वे अपनी औरतों का भी दरद नहीं पोंछ पाते, एक मेरे मरद को देखो कि दुनिया-भर की औरतों का दरद पोंछता है।"

"और क्या?"

"और यह भी कह सकूँ कि अपने घर की किसी दीवार की आड़ में खड़ा होकर औरतों का नंगापन देखता है।"

"और क्या?"

"और लड़कियों को कंधे पर उठाकर नदी पार कराता है, फिर डुबकी मार-मारकर उनसे किलोल करता है। छिः!"

"अरे मेरी कोई चिट्ठी या फोटो तुम्हारे हाथ लग गई है क्या? देखो

भाई, तुम्हें दुखी होने की जरूरत नहीं। अरे, मैं तुम्हारा हक तो मारता नहीं, तुम्हें भरपूर प्यार देता हूँ, इज्जत देता हूँ , सबकुछ देता हूँ, अब थोड़ा इधर-उधर लपक-झपक कर लेता हूँ तो तुम्हें नाराज नहीं होना चाहिए। जिसमें ताकत होगी, मरदानगी होगी, वही न यह सब करेगा। वह साला हिजड़ा क्या करेगा जो अपनी औरत तक को खुश नहीं रख पाता। ऐसे फिसड्डी साले ही धरम-करम की बड़ी-बड़ी बातें करते हैं!"

"छिः, बहुत बेसरम हो तुम। तुम यह नहीं जानते कि मरद फिसड्डी ही क्यों न हो, अगर वह केवल अपनी औरत से जुड़ा हो तो वह सुख मानती है। बलवान तो साँड़ भी होता है। वह जाने कहाँ-कहाँ घूमता है। तुम मरद और साँड़ में कोई फरक नहीं मानते?"

"मानता हूँ। साँड़ आदमी से ज्यादा सुखी है। मैं तो भगवान को कोसता हूँ कि उसने मुझे आदमी क्यों बना दिया?"

"कोसने की क्या जरूरत है। तुम्हें आदमी बनाया होता तब न कोसते, उसने तुम्हें आदमी बनाया कहाँ? तुम तो आदमी की खाल में पढ़े-लिखे साँड़ हो— एम. ए. पास साँड़!"

"अब देखो रानी, बहुत बकबक मत करो। यह भी जानती हो कि मुझे जब गुस्सा आता है तब · · ·"

"तब जानवर बन जाता हूँ, यही न।"

"हाँ यही।" वह जोर से चीखा। मुझे लगा कि अब चौधरी बीबी को मार देगा, तब चिल्लाई, "बीबी जी!"

"देखो महरी आ गई, बकवास बंद करो।" कहती हुई बीबी जी किवाड़ खोलने आ गईं।

यह आदमी अगर मुझे घर छोड़ने जाएगा तो पता नहीं क्या कर बैठे। नहीं, नहीं, मैं अकेली ही चली जाऊँगी— जो होगा सो देखा जाएगा।

मैं धीरे-धीरे आगे बढ़ने लगी। एक तेज रोसनी आगे से आती हुई दिखाई पड़ी। वह पास आकर रुक गई। टैक्सी थी। मैं घबरा गई। उसमें तीन-चार मुस्टंडे बैठे हुए थे। सराब की बोतलें रखी हुई थीं।

"ऐ छोकरी, आ बैठ! तू गाहक खोज रही है, हम माल। आ, आ, घंटे - भर बाद छोड़ देंगे।"

मैं डर से काँपने लगी।

"अरे आ न ··· इसमें डरने की कौन-सी बात है। औरों से भी पैसे लेती होगी, हम भी पैसे देंगे।" यह कहकर एक टैक्सी का दरवाजा खोलने लगा।

"नहीं ईं ··· ईं" मैं जान छोड़कर भाग खड़ी हुई। मुझे लगा कि वह आदमी मेरे पीछे-पीछे भागा आ रहा है। कुछ दूर गई तो सामने से फिर एक रोशनी दिखाई पड़ी।

अब कहाँ जाऊँ?

मैंने रोसनी से किनारा कसकर भागने की ही ठान ली। वह रोसनी मेरे चेहरे पर पड़ रही थी। आँखें चुँधिया गईं। लगा कि अब नहीं बचूँगी। घबराहट में पास पड़ी एक ईंट उठा ली और चिल्लाई, "कमीने! दे मारूँगी तुम्हारे सिर पर, अगर पकड़ने की कोसिस की।"

"अरे भाभी, तुम्हें क्या हो गया है, मैं बसंत हूँ।"

मेरा उठा हुआ हाथ रुक गया। उसने टार्च बुझा दी।

"ओह, तुम हो!"

"हाँ मैं हूँ, लेकिन तुम इतनी घबराई हुई क्यों हो?"

"अरे मत पूछो बसंत।" मेरी साँस तेज-तेज चल रही थी और इच्छा हुई कि बसंत की छाती पर अपना सिर टिकाकर कुछ देर तक निढाल पड़ी रहूँ।

"तुम्हें देर से काम करने आने की क्या जरूरत थी?"

"क्या बताऊँ, फँस गई। सबेरे नहीं आई थी। सोचा ये लोग परेसान होंगे। आ गई। मुझे नहीं मालूम था कि यह जगह इतनी डरावनी है और यहाँ ये सब तमासे होते हैं।"

"मैं काम पर से आया तो भाई साहब बहुत परेसान दिखाई पड़े। तुम सहर से सीधे यहाँ आ गई थीं। उन्हें चिंता हो रही थी कि तुम गईं कहाँ? उन्होंने अंदाज लगाया कि शायद सहर से तुम सीधे चौधरी साहब के यहाँ काम करने गई हो। मैंने कहा— देखता हूँ। और तुम्हें खोजता हुआ आ गया। अच्छा ही हुआ मैं आ गया, नहीं तो न जाने क्या हो गया होता?"

"क्या हो गया होता बसंत? बकरे की माँ कब तक खैर मनाएगी?

गरीबों के साथ इतना कुछ तो होता रहता है दुनिया में, कौन-सी आफत आ जाती है।"

"अच्छा, अच्छा, चलो, दुनिया में आफत आती या नहीं, भाई साहब और मेरे दिल में तो आफत जरूर आती।"

"तुम्हारे दिल में आफत आ जाती?"

"हाँ। क्यों, क्या नहीं आती? मेरी प्यारी-प्यारी भाभी मुसीबत में पड़ जाए और मुझ पर आफत न आए?"

"ओ हाँ, तो यह बात है?"

कुछ और आगे बढ़े तो पीछे की ओर सोर सुनाई पड़ा और देखा—टैक्सी उलटकर इधर ही भागी आ रही है और पास से सर्र से निकल गई।

दूसरे दिन जब चौधरी साहब के यहाँ गई तो उनकी बीवी बहुत घबराई हुई लगी।

"क्या बात है बीबी जी?"

"अरे दीपा, तुम्हें पता है रात डाकू आए थे?"

"कब?"

"अरे ज्यों ही तुम गईं, वे टैक्सी में आए थे। उनके पास बंदूकें थीं, न जाने किसे लूटने आए थे? वह तो सब लोगों ने मिलकर सोर मचाया और लाठी-वाठी लेकर दौड़े तो सब भाग खड़े हुए।"

"अच्छा बीबी जी! लेकिन बीबी जी कैसे मालूम वे डाकू ही थे।"

"अरे तो और कौन हो सकते हैं। रात को टैक्सी में यहाँ क्या करने आएँगे? हम लोग कोई उनके रिस्तेदार होते हैं क्या?"

"हाँ, यह तो है।"

"अरे तुम नहीं जानतीं, हम लोग यहाँ कैसे दिन काट रहे हैं? मैंने इन्हें मना किया था कि इस जंगल में मकान मत बनवाओ, अब देखो, न बिजली है, न पानी है, न सड़क है, न बजार है। किरती नगर में रहने की आदत पड़ गई थी, यहाँ आकर मुसीबतें-ही-मुसीबतें झेल रहे हैं। चलो और सारी मुसीबत तो झेल लें, लेकिन जान-माल की हिफाजत तो हो। यहाँ तो दिन-दहाड़े चोर-उचक्के घूमते रहते हैं। साम होते ही जंगले में से झाँकने लगते हैं। हम लोग दिन डूबते ही किवाड़ें बंद करके दुबक जाते हैं। दिन को भी कहाँ

हिफाजत है? दिन को मरद अपने-अपने आफिस चले जाते हैं। बच जाती हैं औरतें? अब भला बताओ उन्हें लूटने में कितनी देर लगती है। अब तक तो चोर ही दिखाई पड़ते थे, अब डाकू भी आने लगे।"

"बीबी जी, वे डाकू नहीं थे।"

"ये देखो, तू तो ऐसे कह रही है जैसे उन्हें जानती है, जैसे वे तेरे रिस्तेदार लगे हों।"

"हाँ, मैं उन्हें जानती हूँ। वे रास्ते में मुझसे टकरा गए थे। वे सराबी थे।" और मैं डर से काँपने लगी।

"अरे तुझे क्या हो गया रे? अरे तू तो बेहोस हो रही है। अरे, अरे, दीपा! अरे इसे मिरगी आती है क्या?"

बीबी जी ने मुझे पकड़ लिया और वहीं लिटा दिया।

थोड़ी देर बाद मैं उठ बैठी और बोली, "बीबी जी, घबराइए नहीं, मुझे मिरगी-उरगी नहीं आती। कल से ही मेरे भीतर डर समा गया है और आपने अपना डर फैलाकर मुझे और डरा दिया।"

मैंने कलवाली घटना उन्हें बता दी। वे और भी डर गईं।

"हाँ रे, सचमुच बहुत बुरी जगह हम लोग आ फँसे हैं।"

"हाँ बीबी जी, मैं आज यही कहने आई हूँ कि अब मैं आपके काम पर नहीं आऊँगी।"

"क्यों?" वे चौंककर बोलीं।

"अभी क्यों पूछना बाकी है? इस जंगल में कौन अपनी जान साँसत में डालने आए?"

"अरे तो हमारे काम का क्या होगा रे?"

"आपको अपने काम की फिकर है, मेरी जान और इज्जत की फिकर नहीं है?"

"अरे तुम्हारी जान कोई क्यों लेगा? तुम्हारे पास क्या है जो कोई लूटेगा?"

"इज्जत तो है। मरद जात की नीयत बिगड़ते कितनी देर लगती है!"

"हुँह, न काम करना हो तो सौ बहाने, नहीं तो तुझ काली-कलूटी पर न जाने किस मरद की नीयत खराब होगी। इज्जत ··· बड़ी आई इज्जतवाली।

जैसे मैं तुम्हारी जाति की औरतों को जानती नहीं हूँ— दो-दो टके में अपनी इज्जत बेचती फिरती हैं।"

"बीबी जी, भला चाहती हैं तो मेरा मुँह न खोलवाइए, चुप ही रहिए। कुछ कह दूँगी तो आपको परपराएगा।"

"क्या तू कह देगी? मैं कोई झूठ कह रही हूँ? मैंने देखा है अपने गाँव में तुम लोगों की इज्जत का रुतबा।"

"आपने देखा है तो मैंने भी देखा है। मैं आप लोगों के घरों में काम करती हूँ और जानती हूँ कौन कितने पानी में है। सबके घरों की इज्जत-आबरू बेपर्द होते देखी है लेकिन मैं कुछ बोलती नहीं, किसी से कुछ कहती नहीं। और मैं भी गाँव की हूँ, वहाँ के बड़े आदमियों के मरद और औरत सबको जानती हूँ। हमारी जाति की औरतें अगर बिकेंगी तो गरीबी की मार से बिकेंगी और आपके यहाँ की औरतें बिकती हैं खाली सौक पूरा करने के लिए। गरीबी से बिकना बेभिचार नहीं है बीबी जी, सौकिया मरद की गोद बदलते रहना बेभिचार है।"

"अरे तू तो बड़ी बदतमीज निकली, मैं तो तुझे बहुत गऊ समझती थी। जा, जहन्नुम में जा। मुझसे बदतमीजी बरदास्त नहीं होती।"

"जब इज्जत पर चोट होती है तब आदमी गऊ नहीं रह पाता बीबी जी! चोट पड़ने पर भी जो गऊ बने रहते हैं, वे मजबूर होते हैं, जैसे आप लोग अपने मरदों के सामने गऊ बनी रहती हैं, उनकी लात खाकर भी, दूसरी औरतों से उनका रिस्ता जानते हुए भी चुप रहती हैं या बोलती हैं तो लात खाकर चुप हो जाती हैं या आपके मरद लोग अपने मालिकों की डाँट खाकर पोंछ हिलाते रहते हैं। हम लोगों को क्या बीबी जी, अपना हाथ सही-सलामत रहे तो किसी की धौंस क्यों सहें? हाथ सही-सलामत नहीं रहता तो कोई कौड़ी का भी नहीं पूछता। हाथ-पाँव सही-सलामत होने पर सौ लोग पूछते हैं। हम सान से काम करते हैं, सान से रहते हैं। हाथ-पाँव सलामत होने पर अपने मरद की भी धौंस नहीं सहते बीबी जी! हम लोग खुद अपने बल पर जी सकती हैं। एक मरद बिगड़ैल निकलेगा, उस ससुरे को छोड़कर दूसरा कर लेंगे लेकिन आप लोग तो वहीं सड़ती रहेंगी, घर के अंदर सारा नरक भोगती रहेंगी और इज्जत का परदा टाँगे रहेंगी।"

"चुप-चुप, हरामजादी, और बोली तो जबान खींच लूँगी। जा निकल जा यहाँ से। कर अपना मुँह काला जहाँ करना हो।"

"जबान सँभालिए बीबी जी, नहीं तो मैं भी उसी जबान में बोलना सुरू कर दूँगी।"

"अरे का है, का है, चौधरानी जी! अरे ई दीपा क्यों सोर कर रही है!"

"आइए-आइए पुजारिन जी, बहुत दिनों बात आईं।"

"अरे टाइम नहीं मिलता है, दिन-भर घर में कोई-न-कोई पचड़ा लगा रहता है। निकलने की फुरसत नहीं मिलती है।"

"अरे मैं तो दिन - भर कहीं-न-कहीं आपको घूमते ही देखती हूँ।" मैंने कहा।

"अब ई देखो, पता नहीं इससे कौन बात कर रहा है कि बीच में कूद पड़ी। छोटे लोगों की यही बात तो बुरी है कि दूसरों के मामले में कूद पड़ते हैं। अरे बाबा, तुमसे कोई पूछे तो बोलो। तुम्हें का मालूम कि मैं घूमती हूँ कि काम निबटाती रहती हूँ।"

"इससे मत बोलिए, आज यह गुस्से में है।" मुस्कराकर चौधरानी जी ने मेरी ओर देखा, मैं भी मुस्करा पड़ी।

"काहे, काहे गुस्से में है भाई?"

"जाने दीजिए पुजारिन जी, अपने हाल-चाल कहिए।" चौधरानी जी बोलीं।

"हाल-चाल ठीक ही है, चौधरानी जी! बात यह है कि पंडित जी एक जजमान के गाँव गए हुए हैं भगवत कथा बाँचने। चौदह-पंद्रह दिन में लौटेंगे और मुझे ···" बोलते-बोलते मेरी ओर घूम गईं और बोलीं, "अरे तो ई काहे बैठी हुई है। कुछ काम-धाम नहीं है का?"

"पुजारिन जी, जो माँगना हो माँग लीजिए, मेरे आगे सरमाने की जरूरत नहीं। मेरे यहाँ बैठने से आपको परेसानी हो रही है?"

"अरे ई कैसा बोल रही है।"

"मैंने कहा न, उससे न बोलिए, आज वह गुस्से में है।"

"लेकिन काहे, भाई गुस्से की कौन जरूरत आ पड़ी। आदमी को प्यार-मोहब्बत से बोलना चाहिए।"

"बात यह है कि यह मेरा काम छोड़ना चाहती है।"

"काहे-काहे, काहे छोड़ना चाहती हो भाई।"

मैं चुप रही, कौन उसके मुँह लगे।

चौधरानी जी ने ही जवाब दिया— "इसे यहाँ आने में डर लगता है। इसकी इज्जत खतरे में पड़ गई है।"

"किसकी इज्जत? इसकी इज्जत? अरे भाई, इज्जत का इतना ही खयाल हो तो आदमी घर बैठा रहे, चाहे कुरसी पर बैठकर काम करे। वाह-वाह, चौका-बरतन करनेवालियाँ भी अब इज्जत की दुहाई देती फिरने लगी हैं।"

"चौधरानी जी, इनसे कह दीजिए, मेरे बारे में न बोलें। मैं इनसे नहीं बोल रही हूँ। दूसरे के मामले में पिट-पिट बोलते रहना इज्जतवालों का काम नहीं है। आप कल तक की मजदूरी के पैसे दे दीजिए, मैं घर जाऊँ। मेरे पास किसी के यहाँ बैठने का फालतू टाइम नहीं है।"

"अरे तो पैसे बाद में ले जाना। अभी काम छोड़ने की धमकी दी और अभी पैसा लेने को सवार हो गई।"

"दे दें तो अच्छा रहे। जब आपको देना ही है तो दे दें, मेरा दौड़ना बचेगा और आप मेरी बात सुनने से बच जाएँगी।"

"मेरे पास पैसे नहीं हैं। जाओ, फिर ले जाना।"

"बड़ी इज्जतवाली बनती हैं, और आपके पास बीस रुपये नहीं हैं?" मैं तेज आवाज में बोली।

वे भी ताव खा गईं। बोलीं, "हैं क्यों नहीं, लेकिन पचास का नोट है, फुटकर नहीं है।"

"लाइए, मैं अभी भुनाकर दे जाऊँगी।"

"अरे-अरे, दीजिएगा मत, लेकर जाएगी तो फिर वापस नहीं आएगी। आप जानती नहीं, यह कितनों का पइसा लेकर बैठ गई है। कितनों का तो पइसा लेकर उनका काम छोड़ दिया है। अरे, दूध के डिपो पर इसकी बड़ी सिकायत सुनती हूँ।"

"देखिए पुजारिन जी, आप बीच में मत बोलिए। कहे देती हूँ, हाँ। मैं कुछ कह दूँगी तो आपको भभाएगा।"

"अरे तू का कह देगी रे! मेरे ऊपर तू का कह देगी? का मैं झूठ बोल

रही हूँ। दूध के डिपो पर हर कोई जानता है कि तू पइसा खाऊ है। और मैं काहे नहीं बोलूँगी? चौधरानी जी अपनी हैं, इनका रुपया डूबेगा तो मुझे दरद नहीं होगा? और तेरे हाथ में पचास का नोट पड़ गया तो डूबेगा ही। मैं इन्हें चेताऊँगी ही, हाँ, नहीं तो।"

"पुजारिन जी, आप दूध के डिपो पर क्या-क्या सुनती हैं, मैं यह तो नहीं जानती लेकिन इतना जानती हूँ कि आप दूसरों के नाम से दूसरों पर कीचड़ उछालने में बहुत माहिर हैं। जिस दूध के डिपो की बात आप बार-बार कर रही हैं, वहीं आपका रूप भी देखा है।"

"कौन-सा रूप? कौन-सा रूप?" वे कुछ घबराई-सी, कुछ तनतनाई-सी पूछ बैठीं।

"वही कि आप दूसरों की बोतलें चुरा लेती हैं।"

"अरे छिः, तेरे मुँह में कीड़े पड़ें, तुझे नरक मिले। अरे, मैं मंदिर के पुजारी की औरत होकर बोतल चुराऊँगी रे!"

चौधरानी जी इस तरह देख रही थीं, जैसे उन्हें मजा आ रहा हो।

"यही तो मुझे भी अच्छा नहीं लगता कि आप पुजारी के घर की होकर बोतलें चुराती हैं।"

"चुप झुट्ठी, किसी ने झूठे उड़ा दिया होगा।" चौधरानी ने कहा।

"किसी के उड़ाने की क्या बात है। मैं वहाँ थी। इन्होंने एक कामवाली के थैले से दो बोतलें निकाल ली थीं। एक छोटी लड़की देख रही थी। उसी ने बताया। फिर तो सारी कामवालियों ने इन्हें घेर लिया और कहने लगीं कि मेरी भी बोतलें चोरी गई हैं, मेरी भी गई हैं, मेरी भी गई हैं। अब मालूम पड़ा कि कौन चुराता है। अरे पुजारी की बीवी होकर बोतल चुराती है, इसे सरम नहीं आती। ... अरे, इनकी हालत तो देखने लायक थी। ये बार-बार कहतीं कि नहीं ये बोतलें मेरी हैं, लेकिन वह छोटी लड़की बार-बार चीखती थी कि नहीं, इन्हें मैंने दूसरे के थैले में से बोतलें निकालते देखा है।"

"झूठ है, झूठ है, अरे यह बदला ले रही है।"

"हाँ, झूठ है। चलिए, सरमा साहब की बीबी से पूछवा देती हूँ। उन्होंने ही इन्हें छोड़वाया था। वे इतनी भली हैं कि सब लोग उनकी इज्जत करते हैं।"

"कौन सरमाजी?" पुजारिन जी ने पूछा।

"अरे आप जानती हैं, काहे बहाना मारती हैं। वही सरमाइन, जिनके आदमी कालेज में मास्टर हैं।"

पुजारिन जी का मुँह उतर गया था। कुछ देर चुप बैठी रहीं। फिर चौधरानी जी से बोलीं, "अच्छा चौधरानी जी, मैं चलूँ। मैं जानती हूँ कि यह चुड़ैल यहाँ बैठी है, तो आती नहीं। इनकी अपनी तो कोई इज्जत है नहीं, दूसरों की भी इज्जत पर कीचड़ उछालती चलती हैं। झूठ, फरेब, बेईमानी तो इनके खून में है।"

"देखिए पुजारिन जी, मुझे और मेरी जाति को गाली मत दीजिए।"

"गाली तो तू दे रही है मुझे। तूने उन कामवालियों की बात पर विसवास कर लिया, खुद कामवाली हो न। अरे, वे दुनिया भर की गंदी औरतें लाइन में खड़ी होकर कौन-कौन से गंदे काम नहीं करती हैं? जेबें काट लेती हैं, बोतलों से भली औरतों का सिर फोड़ देती हैं, बोतलों की थैलियाँ इधर-से-उधर करती हैं, गुंडों से मिली होती हैं और जहाँ हम लोगों को तीन बोतल दूध मुसकिल से मिलता है, वहाँ वे यारी या गुंडई के भरोसे या कई-कई झोले लाइन में लगाकर दस-दस, पंदरह-पंदरह बोतल दूध ले लेती हैं। हरामजादियाँ दो बजे रात से ही लाइन लगाकर बैठ जाएँगी और सबेरा होते ही उनके केंचो-बेंचो भी पहुँच जाएँगे।"

"तो आप भी यही कीजिए।"

"हाँ, हम भी यही करें, हमारे पास खाली यही काम रह गया है। अरे, हमारे बच्चे सवेरे-सवेरे पढ़ने जाएँगे कि दूध की लाइन में खड़े होंगे। और हम दूध के लिए गुंडों से यारी करने जाएँगे?"

"अरे हमारे बच्चों को भी मुफ्त में मंदिर में खाने को मिल जाता तो वे भी पढ़ने जाते पुजारिन जी! यहाँ तो जिनगी-भर हाड़ पेरने पर भी भरपेट खाना नहीं मिलता। वे पढ़ेंगे कहाँ से?"

"जो जैसा करम करता है, भगवान उसको वोइसा फल देता है। हमने अच्छे करम किए, भगवान ने इस जनम में हमें अपनी सेवा में लगा दिया और जो उस जनम में पाप का गठरा बाँधकर जीते हैं उन्हें इस जनम में वही सब करना पड़ता है जो तुम लोग कर रहे हो। अरे, पढ़ना-लिखना बड़े

पुन्न-करम से होता है। सरकार ने तुम लोगों के बच्चों की फीस माफ कर दी है, वजीफा भी देती है, सुना है कुछ खाने-पीने को भी देती है, कपड़े-लत्ते भी देती है और पढ़ लेने के बाद नौकरी भी देती है, लेकिन काहे नहीं पढ़ पाते हैं तुम लोगों के बच्चे। बोलो, काहे नहीं पढ़ पाते? कमीने, चोर, उचक्के, गिरहकट बनकर गली-गली घूमते हैं— लेकिन चल, तू तकदीरवाली है कि तेरे बच्चे नहीं हैं, न होंगे।"

"पुजारिन जी!" मैं चीखी।

"अभी इसकी उमर ही क्या है? बच्चे होंगे, क्यों नहीं होंगे।" चौधरानी जी बोलीं।

"अरे आप जानती नहीं? हेऽ देखो, दुनिया जानती है आप ही नहीं जानती हैं। अरे इसका मरद बेचारा तो चोट खाकर निकम्मा हो गया है, बेचारा!" पुजारिन जी ने कहा, और अपने चेहरे पर नकली दरद पोतने का नाटक किया।

"पुजारिन जी, भगवान के दिए पर इतनी चोट नहीं करनी चाहिए, पता नहीं भगवान किस पर कब रूठ जाएँ। आपका ही मरद आज भला-चंगा दिखाई दे रहा है, कल उसे लकवा मार जाए तो आप क्या कीजिएगा?"

"चुप रहो।" वे तड़पीं।

"लेकिन जहाँ तक सवाल बच्चों का है वे बिना पढ़े-लिखे भी बिगड़ते हैं और पढ़-लिखकर भी बिगड़ते हैं। आज के पढ़े-लिखे सरीफों के पढ़े-लिखे लड़के जियादा बिगड़ रहे हैं। हमारे बच्चों को तो अच्छी सोसायटी नहीं मिलती, लेकिन आपके घर में तो सब-कुछ सुद्ध है, पवित्तर है। आपके घर में पूजा-पाठ होता है, भगवान की फोटो लगी है, पुजारी जी मंदिर में भगवान की आरती उतारते हैं, आपके घर में भगत लोग आते हैं और आप लोग भी भगत लोगों के यहाँ, सरीफों के यहाँ जाते हैं तो भी—"

चौधरानी जी बीच में बोल पड़ीं, जैसे उनके भीतर कुछ नया जानने की इच्छा कुलबुला उठी—

"हाँ, क्या तो भी? बोल, क्या तो भी?"

"जाने दीजिए चौधरानी जी, बिला वजह किसी के बारे में कुछ कहते फिरना मेरी आदत नहीं है, यह तो ये बार-बार मुझे छेड़ रही हैं इसलिए सही

बात जबान पर आ-जा रही है।"

"नहीं-नहीं, बोल-बोल, सही बात बोल, तू हरिसचंदर की अवतार है न, जो बोलती है सही ही बोलती है। कुछ लगा दे उलटा-सीधा हमारे बच्चों पर, हाँ, लगा दे।" पुजारिन जी तड़पीं।

"चौधरानी जी, मैं चलती हूँ। आप पैसे नहीं देना चाहतीं तो फिर ले जाऊँगी या भेज दीजिएगा। पुजारिन जी कुछ हरज-गरज आपसे कहना चाहती हैं, मेरे यहाँ होने से कह नहीं पा रही हैं।" कहकर मैं उठी और झटके से बाहर हो गई।

जाते-जाते सुना— पुजारिन जी कह रही थीं— "आज सबेरे-सबेरे इस लड़क्कू-निपूती का मुँह देखा है, देखें कैसा दिन गुजरता है। अरे, कीड़े पड़ेंगे इसे और इसके सड़ियल मरद को। यह बाभनी का सराप है।"

मेरे मन में तो आया कि उलटकर दो-चार खरी-खोटी सुना दूँ लेकिन सोचा— कौन मुँह लगे। इस कहा-सुनी का कोई अंत तो है नहीं।

घर आकर मैं चारपाई पर भहरा पड़ी और हबसने लगी। बहादुर कुछ देर तो चुप रहा, फिर बोला, "क्यों, आज फिर किसी से कुछ हो गया?"

"रोज ही तो होता है?" हबसते हुए मैंने कहा।

"तो ऐसी नौबत क्यों आने देती हो?"

"मैं कहाँ आने देती हूँ। मैं तो चुप रहती हूँ लेकिन लोग चुप नहीं रहते, कुछ-न-कुछ कहा करते हैं, बोली-गोली मारते रहते हैं। आखिर मैं कब तक चुप रहा करूँ, मैं भी तो इंसान हूँ। ताव आ ही जाता है।"

"नहीं दीपा, नहीं, ताव मत खाया करो, चुपचाप वहाँ से उठ आया करो और घर आकर एक लोटा पानी पी लिया करो। अच्छे दिन आएँगे तो देखा जाएगा।"

"देखो, सीख देना आसान होता है लेकिन सहना उतना ही मुसकिल होता है और जब कोई तुम पर और मेरी कोख पर चोट करता है न, तब सहा नहीं जाता।"

"सहना चाहिए तुम्हें। आखिर लोग मुझे सड़ियल और तुम्हें निपूती कहते हैं तो गलत तो नहीं कहते। मैं हूँ ही इस लायक—तुम्हें कुछ दे नहीं सकता— न धन, न सुख, न संतान, न · · ·"

"बस करो", मैं चिल्ला उठी, "तुम ये सब बातें मत कहा करो। मैंने कितनी बार कहा कि बाहर से चोट खाकर आया करूँ तो तुम मुझे चोट मत पहुँचाया करो।" मैं फिर रोने लगी।

दरअसल मैं नहीं चाहती थी कि मेरे मरद और संतान की बात मेरे सामने आया करे। मैं इससे डरती थी। ये बातें सामने आकर मेरे घाव कुरेद जाती थीं। जो अब जिंदगी में नहीं होना है उसे भूलने में ही चैन है, कुरेदने में नहीं। लेकिन बहादुर अपनी बेबस हालत को मेरे दुख का जिम्मेदार मानकर अपने को कोस लेता था।

"आज तो तुम चौधरानी के यहाँ पैसा माँगने गई थीं न! वहीं कुछ हो गया क्या?"

"हाँ, वहीं वह कौआहंकनी पुजारिन मिल गई।"

"कौन पुजारिन?"

"अरे वही मंदिर के पुजारी की बीबी। कमीनी बिला वजह उलझ गई। बात हो रही थी चौधरानी से, कूद पड़ी वो। वह हमें न जाने क्या-क्या कह गई। और तो और, कामवालियों की पूरी जाति को गाली देने लगी, उनके बच्चों को गाली देने लगी और फिर मेरे सुहाग और कोख को गाली देने लगी।"

मैं जानती हूँ कि बहादुर पहले का बहादुर होता तो वह कैसे तनतना उठता; लेकिन अपनी बेबसी में इतना कमजोर हो गया है कि वह बड़ी-से-बड़ी बात पर या तो चुप रहता है या मुझे समझाता है। वह खुद तो किसी से भी टकरा सकता था लेकिन चाहता है मैं किसी से टकराकर अपने को लहूलुहान न करूँ, मैं खुद अपने को घायल न करूँ।

वह चुप रहा और मैं धीरे-धीरे चौधरानी के यहाँ घटी सारी बातें बता गई। फिर पूछा, "बोलो, क्या इतना जहर पीकर भी मैं चुप रहती। बड़ी पूतवाली बनी है। जब एक दिन भंडा फूटेगा तब मालूम होगा पुजारी-पुजारिन को।"

"कैसा भंडा?"

"इसके दोनों बच्चे घर में पुजारी जी के बच्चे बने रहते हैं और बाहर निकलते हैं तो कुछ और बन जाते हैं।"

"और क्या बन जाते हैं ?"

"लड़का आवारा है और लड़की चोर है।"

"तुम्हें कैसे मालूम ?"

"अरे भाई, मुझे क्या नहीं मालूम रहता ? मैं लोगों के घरों में काम करती हूँ और वहाँ से खबरें मुझे मिलती रहती हैं।"

"लेकिन यह खबर कहाँ से मिली ?"

"सरमाजी के यहाँ से।"

"तुमसे उन्होंने बताया होगा, तुम उनकी सेकेरेटरी लगी हो न।" बहादुर अपने मजाक पर मुस्कराया। मैं भी मुस्कराई।

"नहीं, बात यह हुई कि एक दिन मैं एक कमरे में उनके गेहूँ में से कंकड़ बीन रही थी। दूसरे में सरमाजी बीबीजी से बात कर रहे थे—

" 'अजीब बात है। कुछ समझ में नहीं आता क्या किया जाए ?'

" 'क्यों क्या हुआ ?'

" 'अरे ये अपने पुजारी जी हैं न !'

" 'हाँ हाँ, क्या हुआ ?'

" 'हुआ क्या, लोग समझते हैं कि डाँट-डपटकर बच्चों को दबाए रखो और उन्हें पूजा-पाठ में लपेटते रहो तो बच्चे बहुत लायक और सुसील बन जाते हैं। मैं हमेसा इस बात को गलत समझता रहा हूँ।'

" 'हुआ क्या ?'

" 'अरे तुमने पुजारी जी के बच्चों को देखा है न। उनका लड़का एम. ए. में पढ़ता है और लड़की बी. ए. में।'

" 'हाँ हाँ, जानती हूँ, उन्हें देखा है, बहुत अच्छे बच्चे हैं। जाने पर बहुत अदब से पेस आते हैं। वे दोनों बखत पूजा-पाठ भी करते हैं और माँ-बाप का बहुत आदर करते हैं।'

"सरमा जी ठठाकर हँसे थे।

" 'क्यों क्या हुआ ?'

" 'अरे यही तो मैं कह रहा था, कि हाथी के खाने के दाँत और हैं, दिखाने के और। माँ-बाप समझते हैं कि बच्चे बहुत अच्छे और धरम-करमवाले हैं लेकिन वे बाहर निकलते ही कुछ और हो जाते हैं।'

" 'अरे कुछ कहोगे भी या पहेली ही बुझाते रहोगे।'

" 'वही तो कह रहा हूँ। पुजारी जी के साहबजादे हैं न, कितने सीधे-सादे लगते हैं। पुजारी जी उन्हें खद्दर के कपड़े पहनाते हैं और समझते हैं कि सादा खाने-पहनने से बच्चों का मन साफ और सुद्ध रहेगा। लेकिन लगता है कि बच्चे घर में घुटते रहते हैं। उन्हें अच्छा पहनने-ओढ़ने, खुले ढंग से जीने और घूमने-फिरने की इच्छा होती है। इसलिए घर से निकलते ही कुछ और हो जाते हैं। ये बच्चे माँ-बाप के सामने कुछ और होते हैं बाहर कुछ और। और धीरे-धीरे जब माँ-बाप को मालूम होता है और वे जवान बच्चों को डाँटते हैं तो बच्चे एकदम बिगड़ खड़े होते हैं, एकदम बगावत कर बैठते हैं।'

" 'लेकिन हुआ क्या?' बीबी जी ने आजिज आकर पूछा।

" 'हुआ यह कि पुजारी जी के साहबजादे बाहर बहुत-से गुल खिलाते हैं।'

" 'अच्छा।'

" 'हाँ, मुझे भी बहुत अजीब लगा। एक दिन मैं अपने दोस्त के साथ कंटीन में चाय पी रहा था, यह तीन-चार लड़कों के झुंड के साथ दिखाई पड़ गया।'

" 'इस खद्दरधारी लड़के को आप जानते हैं?' दोस्त ने पूछा।

" 'हाँ, क्यों नहीं, यह तो मेरी क्लास में भी है और मेरे मोहल्ले का भी है। बड़ा नेक लड़का है, पुजारी जी का लड़का है।'

" 'हूँ।' उन्होंने बहुत गंभीर होकर कहा।

" 'क्या बात है?'

" 'यह होस्टल में आता है, बदनाम लड़कों के साथ जुआ खेलता है, नशे की गोलियाँ खाता है और लड़कियाँ छेड़ता है।'

" 'ऐसा?'

" 'हाँ। इसके माँ-बाप को समझा दीजिए, आपकी जान-पहचान के हों तो। नहीं तो प्रिंसिपल साहब से कहकर इसका नाम कटवा दूँगा।'

" 'नहीं-नहीं, ऐसा मत कीजिएगा। पुजारी का लड़का है, पुजारी जी की बदनामी तो होगी ही, लड़का बरबाद हो जाएगा। मैं समझा दूँगा।'

" 'हे राम!' बीबी जी ने माथा ठोक लिया।

" 'सोचा था कि इसके घर जाकर इसे समझाऊँगा, लेकिन नहीं चाहता रहा कि पुजारी जी को चोट पहुँचे, इसलिए सोचा कि कभी रास्ते में मिलेगा तो समझा दूँगा। आज बस में दिखाई पड़ गया। सोचा, बस से उतरकर जब घर की ओर चलेंगे तो बात कर लेंगे। उसने मुझे नहीं देखा। मैंने देखा कि तीन-चार लौंडों के साथ मिलकर वह रास्ते-भर लड़कियाँ छेड़ता रहा। मुझे बहुत तकलीफ हुई। बस से उतरने के बाद जब मैंने उसे समझाना चाहा, तो साफ मुकर गया, 'नहीं साहब, मैंने कुछ नहीं किया, साथ के लड़के छेड़ते रहे हैं।'

" 'उसकी आवाज में कोई पछतावे का भाव नहीं था। ऐसा लगा जैसे बदतमीजी करने में खूब पक्का हो गया हो।'

" 'पुजारी जी से कहते क्यों नहीं।' बीबी जी ने कहा।

" 'तुम समझती नहीं। उन्हें अपनी संतानों के ऊपर बहुत घमंड है। वे कहनेवाले को ही गलत समझ बैठेंगे। सोचेंगे कि यह आदमी झूठे बदनाम करने के लिए सिकायत कर रहा है।'

" 'तो जाने दीजिए, जहन्नुम में जाएँ। आपको क्या पड़ी है?'

" 'पड़ी तो नहीं है, लेकिन न जाने क्यों टीचर होने से हर लड़के के लिए जिम्मेवारी महसूस करता हूँ और चाहता हूँ कि वह गलत रास्ते पर हो तो उससे हट जाए।'

" 'तो क्या कीजिएगा?'

" 'बात इतनी ही नहीं है देवी, आजकल कई दिनों से मैं उसे एक ईसाई लड़की के साथ देख रहा हूँ।'

" 'तो क्या हुआ?'

" 'वैसे कुछ नहीं हुआ, लड़के-लड़कियाँ साथ पढ़ते हैं, बातें करते हैं, घूमते भी हैं। लेकिन इन दोनों के रंग-ढंग कुछ और देख रहा हूँ। लगता है ये कुछ कर गुजरेंगे।'

" 'तब तो पुजारी जी का दिल ही फेल हो जाएगा या कहीं डूब मरेंगे।'

" 'यही तो बात है। ईसाई लड़की के साथ अगर वह सादी करता है तो बहुत बड़ी बात करेगा, लेकिन उस बड़ी बात को क्या पुजारी जी और पुजारिन जी पचा पाएँगे?'

" 'अरे हो सकता है कि दोनों कुछ दिन खेल-खाकर छुट्टी पा लें।'

" 'नहीं देवी, ऐसा नहीं है। वह ईसाई लड़की बहुत मामूली घर की है। वह खेलने-खाने के लिए साथ नहीं हो सकती। वह सादी किए बिना छोड़ेगी नहीं। फिर बाप-बेटे में झगड़ा होगा। बेटा बाप से अलग होगा और बहुत कुछ होगा, और एक दिन ऐसा आएगा कि डरपोक बेटा फिर अपनी जाति में मिलने के लिए औरत को तलाक दे देगा।'

" 'हाँ, यह भी हो सकता है।'

" 'मैंने बंबई से लेकर दिल्ली तक ऐसे कितने मामले देखे हैं। तुम्हें याद है न बड़ौदे के नागर जी के बेटे की कहानी और बंबई के सिंह साहब की बेटी की कहानी। दोनों बड़े सखत बाप। उनकी एक आवाज पर बच्चे काँप जाएँ लेकिन बड़ा होकर एक के बेटे ने हरिजन लड़की से सादी कर ली, दूसरे की बेटी जमादार के लड़के के साथ भाग गई। और फिर कुछ दिनों बाद दोनों ही मामलों में मारपीट, छोड़ा-छोड़ी और न जाने क्या-क्या हुआ।'

" 'हाँ-हाँ, याद क्यों नहीं है ? बड़ी तकलीफ होती है बच्चों की बरबादी सुनकर।'

" 'और सुनो। एक दिन सुना कि पुजारी जी की लड़की किसी लड़की के पर्स में से पैसे चुरा रही थी।'

" 'तुम्हें कैसे मालूम ? वह तो लड़कियों के कालेज में पढ़ती है।'

" 'कहीं पढ़ती हो, पढ़ानेवाले तो सब एक दूसरे से जुड़े हुए हैं। उसके कालेज की एक टीचर मेरे साथ बैठी हुई थी। तब तक यह लड़की सामने से गुजरी। मैंने उससे हालचाल पूछा। उसके जाने के बाद उस टीचर ने कहा— 'आप जानते हैं इस लड़की को।'

" 'हाँ हाँ, हमारे ही मुहल्ले में रहती है।'

" 'देखने में कितनी सीधी-सादी और भली लगती है लेकिन ...'

" 'लेकिन क्या ?'

" 'लेकिन यह कि लड़कियों को लगातार सिकायत हो रही थी कि उनके पर्स से उनकी चीजें गायब हो जाती हैं। कल यह पकड़ ली गई। मेरी ही क्लास थी। मैंने रफा-दफा किया, पिरिंसिपल तक बात नहीं जाने दी।'

" 'वाह रे पुजारी जी की संतानें !'

" 'नहीं देवी, संतानों का कसूर नहीं है, कसूर है माँ-बाप का जो बच्चों को बचपन से ही साधू-संत बनाने लगते हैं और उनकी इच्छाओं को दबाते रहते हैं। अच्छा छोड़ो, बहुत हो गया पुजारी जी की संतानों का पुरान।' "

कहकर वे अपने कमरे में पढ़ने चले गए।

बीबी जी निकलीं तो मुझे देखकर अचकचा गईं। उन्हें सायद खयाल नहीं रहा कि मैं गेहूँ साफ कर रही हूँ।

"अरे मुझे तो खयाल ही नहीं कि तुम यहाँ हो।" बीबी जी कुछ घबराई हुई-सी बोलीं।

"तो तुमने पुजारी जी की संतानों का पुरान जरूर सुना होगा।" उन्होंने फिर कहा।

मेरी इच्छा हुई कि ना कह दूँ लेकिन इन बीबी जी से झूठ बोलने की मेरी हिम्मत नहीं होती। इतनी भली हैं कि इनसे झूठ बोलना अपने से झूठ बोलना लगता है। मैंने 'हाँ' में सिर हिला दिया।

वे कुछ देर चुप रहीं। फिर बोलीं, "देख दीपा, यह बात किसी से कहना नहीं, मेरी कसम।"

"नहीं कहूँगी बीबी जी! वैसे सायद कहीं कह भी देती, लेकिन आपने अपनी कसम दिलाई है तो नहीं ही कहूँगी।"

"तो तुमने पुजारिन जी को आज जरूर यह सब सुना दिया होगा।" बहादुर ने कहा।

"यही तो कसक है सरकार कि मैं कह नहीं सकी। एक बार इच्छा तो हुई कि इस पुजारिन जी का घमंड तोड़ दूँ और उन्हें छटपटाते हुए देखूँ लेकिन बीबी जी की कसम याद आ गई। इसीलिए मैं उठ भी आई। कौन जाने अधिक गुस्सा आने पर कुछ कह ही बैठती। और न कहने की तकलीफ भी मुझे कम नहीं साल रही है।"

"जाने दे दीपा, जो जैसा करेगा वैसा फल पाएगा। अपने को क्या?"

भट भट भट भट— फिर मोटर सायकिल की आवाज सुनाई पड़ रही है। इसकी मोटर दौड़ती ही रह गई, उत्तम नगर बढ़ता ही चला गया। और उत्तम नगर की तरह इसकी किस्मत भी बढ़ती गई। पहले यह सायकिल पर आता था, अब मोटर सायकिल पर आता है। जब वह आता है तो कितना

डर छा जाता है।

भट भट भट भट · · · कहीं और निकल गया · · ·

7

प्यास लग आई थी। उठी, घड़े में से पानी निकाला, पिया। बहादुर की ओर देखा, "पानी पियोगे।"

"दे दो, पानी तो पी ही लूँगा।"

पानी पीकर बहादुर ने पूछा, "क्या टाइम होगा?"

दीपा ने बाहर झाँककर देखा— अरे अब तो तिजहर ढल रही है।

"कितना बड़ा दिन हो गया है, काटे नहीं कटता।"

"हाँ, कोई काम न हो तो समय वैसे भी नहीं कटता। मैं घर आराम करने के लिए बैठी और लगा कि दिन छाती पर चढ़ बैठा है।"

"हाँ, और मेरा तो रोज का हाल हो गया है। आज तो तुम साथ थीं, रोज तो अकेले-अकेले यह भारी समय काटना पड़ता है। मेरी भी क्या जिंदगी हो गई है, जैसे घर के भीतर पड़ा हुआ एक सड़ता मुर्दा हो। इससे तो अच्छा होता खतम ही हो जाता।"

"भगवान के लिए ऐसा मत कहो बहादुर। दुनिया तो कोंच ही रही है, तुम भी कोंचने लगे।"

"नहीं दीपा, मैं कोंचने के लिए नहीं कहता। मैं सचमुच अब किसी काम का नहीं रहा। न अपने, न तुम्हारे, न दुनिया के। तुमने तो आज देख ही लिया कि पड़े-पड़े समय काटने का क्या मतलब होता है?"

"तुम कुछ मत कहो बहादुर। मैं दुनिया से लड़ लूँगी, लेकिन तुम्हारे ये बचन मुझे परास्त कर देते हैं।"

"ठीक है, नहीं कहूँगा। तुम्हें तकलीफ हो, ऐसा मैं क्यों चाहूँगा?"

"अच्छा सो जाओ।" कहकर वह खुद आकर बिस्तर पर लेट गई। फिर एक खामोशी कमरे में पसर गई।

'क्या किया जाए।' वह सोचने लगी— 'जब बहादुर इतना उदास

होकर बोलता है तो छाती फट जाती है। उसे समझाती हूँ तो लगता है झूठ बोल रही हूँ और उसे नहीं, अपने को समझा रही हूँ। इस मरद ने मुझे कितनी इज्जत दी है, कितना प्यार दिया है, उसने समूचा अपने को दे दिया था। वे थोड़े से दिन जैसे फागुन के दिन थे— मस्ती में झूमते हुए, महकते हुए, अपने को लुटाते हुए। अब बहादुर इतना लाचार हो गया है तो क्या करे। क्या वे दिन आ-आकर बहादुर को कोंचते नहीं होंगे? वह उन दिनों के बारे में कुछ कहता नहीं है लेकिन कभी-कभी यों ही रोने लगता है तो लगता है कि उसके आँसुओं में पिछले दिन उतर आए हैं।' वह छत के एक बिंदु पर आँखें टिकाए देखती रही। चिक-चिक-चिक-चिक— उसका ध्यान छत की दूसरी ओर गया। सरिया पर गौरे का जोड़ा क्रीड़ा-मग्न था। उसे देखने लगी।

"बहुत दिन से बसंत नहीं आया।" बहादुर ने लेटे-लेटे कहा।

"वह अपने काम पर होगा।"

"हाँ, छुट्टी नहीं मिली होगी, नहीं तो आया होता। बहुत अच्छा लड़का है। क्यों दीपा, है न!"

दीपा समझ नहीं पाई कि बहादुर यह बात क्यों कह रहा है, किस मन से कह रहा है। वह चुप ही रही।

बहादुर चुप हो गया। फिर एक चुप्पी छा गई। दीपा ने गौरों को देखा, वे अब भी प्रेम में मग्न थे।··· हाँ, सचमुच बहुत दिन हो गए, बसंत नहीं आया। अब कहीं नौकरी लग गई है। उस दिन रास्ते में बस में मिल गया था। मैं पहचान नहीं पाई। सूटबूट कसे था, ठीक से बाल सँवारे था, चेहरे पर बाबू लोगों की-सी चमक आ गई थी।

उस दिन की घटना उसके भीतर तैरने लगी—

उसने पैलगी की तो मैंने कहा, "वाह रे बसंत बाबू, तुम तो साहब लग रहे हो। आओ आओ, बैठो।" वह मेरे पास की सीट पर आकर बैठ गया।

"वाह, तुम भी मजाक करने लगीं। अरे एक आफिस में नौकरी लग गई है न! अब वहाँ खाँची-कुदालवाले भेस में नहीं न जाऊँगा। हम साहब कहाँ से हो गए, और होंगे?"

चुपचाप साथ चलते रहे।

"अरे हाँ, भइया का क्या हाल है?"

"वही जो पहले था। अब तुम दिखाई नहीं पड़ते हो। वे तुम्हें बहुत याद करते हैं।"

"भाभी, अब मैं रहने के लिए जनकपुरी चला गया हूँ। वहाँ हमारे साहब का बड़ा-सा बँगला है, उसी में उन्होंने एक कोठरी दे दी है। उनका घरेलू काम-धाम कर देता हूँ।"

"अच्छा हुआ। तुम्हारी नौकरी लग गई, रहने का भी ठिकाना हो गया। अच्छा हुआ। लेकिन हम लोगों को तुम्हारी बहुत याद आती है।"

"मुझे भी आती है भाभी! इतवार को आना चाहता हूँ लेकिन साहब की बीवी कोई न कोई काम लगाए रखती है।"

"इधर कहाँ जा रहे हो?"

"साहब ने एक आदमी के यहाँ भेजा है चिट्ठी लेकर।"

"अब तुम साहब के आदमी हो गए हो, अपने नहीं रह गए हो।"

"ठीक कहती हो भाभी! नौकरी में आदमी अपना नहीं रह जाता।"

"लगता है हम लोगों से तुम्हारा लगाव कुछ ठंडा हो गया है। साहब का तो बहाना बना रहे हो।"

"अरे नहीं भाभी, क्या बात करती हो। तुम्हारा इतना प्रेम मुझे मिला है क्या उसे भूल सकता हूँ। तुम्हारा प्रेम तो मेरे खून में समाया हुआ है : क्या मैं अपना खून निकालकर फेंक दूँगा।"

उसने मेरी ओर देखा, उसकी आँखों में प्रेम का खिंचाव था। मेरी देह उसकी देह से सट गई और मेरा पाँव उसके पाँव पर पड़ गया। हम ऐसे ही बैठे रहे। कितना अच्छा लग रहा था। इच्छा हुई, ऐसे ही बैठे रहें। कहीं यह कमबख्त सरककर अलग न हो जाए। उस दिन की सर्मनाक घटना के बाद बसंत को देखते ही संकोच से भर जाती हूँ, लेकिन फिर भी उसका जादू मन पर छा जाता है। उसे देखते ही अनजाने ही मुझे न जाने क्या हो जाता है।

"चलो भाभी, स्टैंड आ गया।" वह बोला तो मैं जैसे सोते से जागी।

"आ गया, इतना जल्दी?"

वह हँसा था।

"अच्छा भाभी, आ सका तो काम निबटाकर आज ही आऊँगा, नहीं तो जल्दी ही आऊँगा।" वह चला गया। उस दिन नहीं आ पाया था। मैं

मन-ही-मन उसका रास्ता अगोरती रही।

बहादुर को इस तरह पड़े कितने दिन हो गए। इन दिनों मैंने औरत का सुख नहीं पाया। भीतर-भीतर उबलती रहती हूँ। बसंत को देखते ही देह की भूख जाग पड़ती है। लेकिन बसंत क्या केवल देह की भूख की वजह से ही अच्छा लगता है? क्या उसमें मन की भूख सामिल नहीं है। देह की भूख की बात होती तो वह कहीं भी मिटा लेती। उस दिन इंसपेक्टर पैसे भी दे रहा था और— और न जाने कितने लोग उसे असहाय बीमार की बीवी समझकर गंदे इसारे करते हैं। वे समझते हैं कि मरद के बेबस होने की वजह से मैं रंडी बन जाऊँगी। जो बहादुर के दोस्त बनते थे वे अब मेरा इस्तेमाल करना चाहते हैं। बहादुर को देखने आते हैं तो मेरी ओर इस कदर देखते हैं जैसे आँखों से निगल लेंगे। उनकी आँखों में अजीब हरामपनी झाँकती है। बीवी-बच्चे छोड़कर परदेस में पड़े हैं, किसी औरत को असहाय समझकर उनकी आँखों में भूखा भेड़िया उछल आता है। चलो, उनकी तो बात समझ में आती है पर जो अपनी बीवियों के साथ रहते हैं वे क्या कम जंगली हो जाते हैं?

एक घटना याद आ गई। बहादुर का सबसे पुराना दोस्त बलदेव उधर अक्सर आया करता था। वह आदमी मुझे कभी अच्छा नहीं लगा। उसकी आँखों में मैल थी। कभी-कभी बहादुर से कहती भी थी तो कहता था— 'तुम्हारा बहम है, यह बहुत अच्छा आदमी है, और मेरा पक्का दोस्त है।' मैं क्या करती? चुप हो गई। बहादुर के बीमार पड़ने पर उसका आना-जाना बहुत कम हो गया। उसे लगा होगा कि सायद कुछ मदद करनी पड़ जाए। इधर फिर कुछ ज्यादा आने लगा था। आता तो पूछता कि कोई जरूरत हो तो बोलना, फिर मेरी ओर देखता। उस दिन साम को आया तो देखा मैं बहादुर के पास बैठी हुई हूँ। बहादुर कराह रहा है। बोला— "क्या बात है भउजी, बहादुर भाई को ज्यादा तकलीफ है क्या?"

"हाँ, भाई।"

"और चूल्हा-वूल्हा भी नहीं जला है।"

मैं चुप बैठी रही।

"कोई दवा नहीं चल रही है क्या?"

"चल क्यों नहीं रही है, खतम हो गई है।"

"तो डाक्टर से पूछकर कोई दवा दो। ये तो बुरी तरह से कराह रहे हैं। दवा दे दो, चैन पड़ जाएगा।"

मैं चुप बैठी रही।

"क्या बात है, कुछ बोलती-वोलती क्यों नहीं ? पैसे-वैसे नहीं हैं क्या ?"

मैं चुप बैठी रही।

वह बहुत प्यार से डाँटते हुए बोला, "हद हो गई ! आखिर हम दोस्त लोग किस काम आएँगे, भउजी ! जब जरूरत हो तो कह दिया करो। वैसे अपन साले कौन धन्ना सेठ हैं ! लेकिन अकेले होने से कुछ न कुछ पैसे बचे ही रहते हैं।" उसने बीस रुपए का एक नोट निकाला और पास आकर मेरी मुट्ठी में खोंसते हुए बोला, "कुछ दवा ले आओ, कुछ खाने-पीने का सामान लाओ।"

"नहीं, नहीं भाई ! यह नहीं हो सकता।"

"ले ले रे, यह अपना पक्का दोस्त है।" कराहते हुए बहादुर बोला।

मैंने ले लिए। बलदेव के मुँह से दारू की गंध आ रही थी।

"अच्छा तुम जाओ, जल्दी ले आओ, देर मत करो।"

मैं निकलने को हुई तो बोला, "रुको, मैं भी चलता हूँ। अँधेरा है, अकेले मत जाओ।"

और मैं निकली कि वह मेरे साथ हो लिया।

घर से बाहर खुला हुआ मैदान, मैदान में फैला हुआ अँधेरा, आस-पास सन्नाटा।

बाहर निकलते ही बलदेव ने कहा, "भउजी, सुना है आजकल तुम बहुत चक्कर मारने लगी हो।"

"क्या मतलब ?" मैं खड़ी हो गई।

"अब मतलब मुझसे पूछती हो ? अरे जिसका मरद कई साल से निकम्मा हो गया हो उस औरत के सजधजकर चक्कर काटने का क्या मतलब होता है ?"

"किसने कहा तुमसे ?"

"अरे बहुत-से लोग कहते हैं। अरे मैं कहता हूँ कि बहादुर मेरा पुराना

दोस्त है। दोस्त के काम आना दोस्त का फर्ज है। तुम्हें किसी तरह की जरूरत हो तो मेरे यहाँ चली आया करो— रात-बिरात, दिन-दोपहर, तुम्हारे लिए हमेसा मेरा दरवाजा खुला रहेगा। ··· चलो, आगे चलो।" कहकर वह अँधेरे मैदान की ओर खींचने लगा।

"क्या कर रहे हो? अभी बहादुर से कहती हूँ।"

"अरे वह सड़ियल साला मेरा क्या बिगाड़ लेगा? और अब तुम्हारा क्या बना देगा? इधर देखो— मेरी गज-भर की छाती, मेरी बलवान भुजाएँ, हाथी जितना बल। इसमें कसकर तुम्हारी रग-रग का दरद खींच लूँगा।"

"तुम आदमी नहीं, जानवर हो। ये लो अपने रुपए और सीधे से मुझे छोड़ दो, नहीं तो सोर करूँगी।"

"अरे इस सुनसान में तुम्हारी आवाज कोई सुनेगा भी।" कहकर उसने मेरे मुँह को अपनी हथेली से बंद कर दिया। मैंने जोर से काटा, और तड़पकर जो उसने छोड़ा तो चिल्लाती, भागती-भूगती मैं घर आ गई। आसपास के घरों से आवाज आई, "क्या है, क्या है?"

सायद आवाज सुनकर ही वह अँधेरे में गायब हो गया, नहीं तो मेरे घर में भी घुस सकता था, बहादुर उसका क्या कर लेता?

पड़ोसी पहुँच गए। मैं झूठ बोल गई कि आ रही थी तो अँधेरे में कोई एक डरावनी चीज दिखाई पड़ी।

बहादुर से सारा हाल कहा तो गुस्से से किचकिचा उठा–"हरामी का पिल्ला! आए तो उसे काटकर रख दूँगा। साला, दोस्त बनता है।" फिर सायद उसे अपनी बेबसी का गियान हुआ तो फफककर रो पड़ा।

"उसके रुपए क्या किए?"

"उसी के ऊपर थूक दिए।"

"अच्छा किया।"

रात को हम लोग भूखे सोए। बहादुर कराहता रहा। सोचती रही, सवेरे कहीं से उधार माँगूँगी। फिर याद आता कि रात को रुपए फेंक तो दिए थे, लेकिन बलदेव उठा कहाँ पाया होगा!

सबेरा होते-होते उस जगह पर गई, जहाँ फेंका था। थोड़ा खोजा, रुपया मिल गया। नोट उठा लिया। सोचा, आखिर इसे कोई उठा ही ले

जाता। रुपए में क्या बुराई है? उसके सामने तो फेंक ही दिया था। इस नोट पर कौन उस अभागे का चिन्ह बना हुआ है। हाँ, रुपया बड़ा सुद्ध होता है। उससे मैंने बहादुर की दवा और कुछ दिन की खर्ची चलाई। लेकिन उस दिन से मन में एक डर समा गया—पता नहीं वह सैतान कब कहाँ मिल जाएगा और पता नहीं प्रचार करके मेरे खिलाफ कितने सैतान पैदा कर देगा।

सैतान—सैतान—सैतान—क्या अजीब बात है कि एक सैतान से डर लगता है और एक सैतान भीतर जनम लेता है।

एक सैतान को देखकर भीतर का सैतान मर जाता है और एक प्यारे आदमी को देखकर भीतर का सैतान जाग पड़ता है। जब-जब मैं बसंत को देखती हूँ, मेरे भीतर एक सैतान जाग पड़ता है। यही कमरा है। बन रहा था। पत्थर की छत पड़ रही थी। पड़ते-पड़ते साम हो गई। बल्कि रात हो गई। बसंत भी मेरी मदद के लिए आया हुआ था। कामवाले चले गए। मैं वहीं खड़ी रही।

"क्यों भाभी, घर नहीं चलोगी?"

"घर? घर में तो हूँ।"

"अरे मेरा मतलब उस घर से है। बिना मरद के घर अधूरा रहता है न।"

"वह भी तो यहाँ है।"

"वह भी यहाँ है?" उसने चौंककर पूछा।

"हाँ, वह भी तो है, मेरे सामने खड़ा है।"

"वाह भाभी, खूब मजाक करती हो।" वह खिलखिलाकर हँस पड़ा।

'स्साला मेरी हर बात को मजाक में उड़ा देता है।' मैं मन-ही-मन बुदबुदाई, 'देवर-भाभी का रिस्ता ही ऐसा है कि कुछ भी कहो, मजाक में सामिल हो जाता है।'

"चलो भाभी!"

"थोड़ा बैठो न, अपनी छत के नीचे बैठना कितना अच्छा लगता है।" कहकर मैं फर्स पर दरी डालकर बैठ गई। वह खड़ा रहा। अँधेरी रात थी।

"आओ, बैठो न।"

वह हँसा—"वाह भाभी, आज तो तुम पूरी जवानी के आलम में हो।"

"सच, आज मुझे बहुत अच्छा लग रहा है। अपना घर होने का कितना सुख होता है—वह चाहे छोटा हो या बड़ा। इच्छा होती है आज इसी के नीचे सोऊँ। आओ, बैठो न।"

"यहाँ अकेली सोओगी तो वहाँ भाई साहब क्या करेंगे?"

मन तीता हो गया। भाई साहब की चर्चा छेड़कर इस कमबखत ने मेरी तबियत बिगाड़ दी। लेकिन मैं आसानी से इस समय को गँवाना नहीं चाहती थी। उठकर खड़ी हो गई और बसंत का हाथ पकड़कर खींचा कि बैठो और एक दिन के लिए मुझे अपने भाई साहब को भूल जाने दो। मैं उसे खींचने लगी। खींचने-खींचने में उसकी बाँह में अपनी बाँह डाल दी। वह नखड़े करता आगे बढ़ रहा था और समझ रहा था कि भाभी मजाक कर रही हैं।

"अरे नखड़े क्या करता है, आकर बैठता क्यों नहीं? क्या मेरे साथ बैठने में डर लगता है?" कहकर मैंने उसकी कमर में बाँह डाल दी और लपेटकर खींचने लगी।

"अरे बैठता हूँ भाभी! छोड़ो।"

और मैंने फर्स पर बिछी दरी पर उसे बिठाते हुए कहा, "बैठो," और बैठाने के सिलसिले में उसके ऊपर भहरा पड़ी। मेरे भीतर भयानक आग जल रही थी। लगता था मैं खुद ही तपकर आग का गोला बन गई हूँ। उसे मैंने जकड़ लिया और रौंदने लगी।

"भाभी, यह क्या?" वह फुसफुसाया लेकिन मैंने कुछ सुना नहीं और उसे रौंदती गई। मैं भीतर-भीतर उसे गालियाँ भी दे रही थी कि यह कमीना मरद है या हिजड़ा!

मैंने महसूस किया कि उसमें भी हरकत आ गई है। उसने अपनी बलिष्ठ भुजाओं में मुझे जोर से कस लिया। मेरी सारी नसें तड़तड़ा गईं। मैं फुसफुसा रही थी–बसंत, बसंत, मेरे प्यारे बसंत, मुझे तोड़ दो, मुझे पीस डालो—

दोनों की गरम-गरम साँसें टकरा रही थीं, दोनों हाँफ रहे थे। उसने मुझे पूरा लपेट लिया और लपेटकर उठा लिया और कुछ पल उसी तरह उठाए रहा, पर न जाने क्या हुआ कि उसने मुझे खड़ा करते हुए कहा, "भाभी,

होस में आओ।"

जैसे बड़े जोर से चलता हुआ तूफान एकाएक रुक जाए। मैं खड़ी हो गई और फिर उस पर टूट पड़ी।

"नहीं, भाभी नहीं, तुम तो पागल हो ही गई थीं, मैं भी हो गया था। यह क्या हो गया था मुझे।"

मैं उसके सामने उस अँधेरे में हाँफती हुई खड़ी थी। बुदबुदाई, 'कमीना, हिजड़ा, साला!'

"चलो भाभी घर चलें, वहाँ भाई साहब परेसान होंगे।" उसने मेरा हाथ पकड़कर खींचते हुए कहा।

"छोड़ो, हटो।" मैंने अपना हाथ खींच लिया।

बाहर निकले तो अँधेरा छाया हुआ था। तूफान थमा तो मुझे बेहद सरम आई। गुनाह बेलज्जत। इसके सामने बेपर्द भी हुई और कुछ हुआ भी नहीं।

सायद वह मेरी हालत समझ रहा था। बोला, "भाभी, मैं तुम्हारी तकलीफ समझता हूँ। औरत को संतान चाहिए और भाई साहब सायद तुम्हें अब संतान नहीं दे सकते। बिना संतान की औरत को दुनिया बड़ी ओछी निगाह से देखती है।"

मैं मन-ही-मन थोड़ी हल्की हुई। सोचा, यह कितना अच्छा आदमी है जो मेरी हवस को संतान के साथ जोड़कर मुझे छोटेपन से ऊपर उठा रहा है।

मैं कुछ बोली नहीं। उसके साथ चलती रही। लगता था अब मैं कभी इसके सामने आँख नहीं उठा पाऊँगी।

"भाभी, मैं तुम्हारी बहुत इज्जत करता हूँ, तुम्हारी जैसी बहुत कम औरतें देखी हैं। जब पहली बार तुम्हें देखा तो लगा कि बेसहारा भटका हुआ मेरा मन कहीं सहारा पा गया हो। बहुत भटका हूँ भाभी। तुमने जो पवित्र प्यार मुझे दिया है, उसे कुचलकर तो मैं कहीं का न रह जाता। हम लोगों की आज की आँधी तो कुछ देर बाद थम जाती लेकिन उसके बाद जीवन-भर जो आँधी मेरे और तुम्हारे मन में उठती रहती, उसका क्या होता?"

मुझे लगता रहा कि बसंत तरह-तरह से मुझे उबारने की कोसिस कर रहा है। लेकिन नहीं, मैं बसंत को जानती हूँ, जो कुछ कहता है भीतर से कहता है।

मैं कुछ नहीं बोली। मेरे घर के पास तक पहुँचाकर वह अपने डेरे की ओर मुड़ा तो बोला, "भाभी, तुम मेरे लिए हमेसा बड़ी रही हो और बड़ी बनी रहोगी। फिर आऊँगा।"

8

वह रात बहुत बेचैनी में गुजरी। मेरी भी क्या जिंदगी है? लोग हैं कि जब जी चाहे जानवर की तरह अपनी देह की प्यास बुझा लेते हैं। भूखे मरद रंडियों के पास चले जाते हैं। ऐयास धनी आदमी धन के बल पर औरतें घर बुला लेते हैं और मनचली औरतें इसारा करके किसी भी भले-बुरे आदमी से अपनी भूख ठंडी कर लेती हैं और एक मैं हूँ कि जो मरद मुझे पाना चाहते हैं, उन्हें फटकार देती हूँ और जिसे मैं पाना चाहती हूँ वह मुझसे कुछ और पाना चाहता है और अपने मरद को पूरा चाहकर भी उससे कुछ नहीं पा सकती। अब तो जिंदगी ऐसे ही चलेगी।

देह की भूख, संतान की भूख–दोनों में ही मुझे पूरी जिंदगी जलना होगा। क्या मुसीबत है। कितनी खुस हुई थी कि अपना घर बन गया है। उसके नीचे रहूँगी लेकिन घर तो है, घर की चीजें कहाँ हैं? मरद तो है चाहे अब जिस किसी हालत में हो, लेकिन संतान? वह कहाँ से आएगी। उसके बिना घर घर लग पाएगा क्या? रोगी पति की औरत–दुनिया को लगता है जैसे सबकी औरत हो। संतान के बिना औरत— लगता है औरत नहीं। कोई सबेरे-सबेरे मुँह तक नहीं देखना चाहता।

कैसी भयानक रात थी। कभी बहादुर की ओर देखती थी, कभी अपनी आज की करनी के बारे में सोचती थी। हाय, बेचारा बहादुर–यह सुने तो क्या सोचेगा?

उसके दो दिन बाद हम अपने इस मकान में आ गए थे। पहले सोचा था कि किसी तरह दरवाजा लग जाय तो हम लोग आएँ, लेकिन महीना पूरा हो रहा था। महीना सुरू होने पर तो पूरे महीने का किराया देना पड़ता और अब तो कुछ भी हाथ में नहीं बचा था जो दरवाजा लगवाते। न कहीं से

पैसे मिलने की उम्मीद थी कि कुछ दिनों बाद दरवाजा लग पाने की आसा बँधती। हम लोग इसी तरह चले आए। चलो, चाहे जैसा भी है, अपना घर तो है।

चिट्ठी ···

डाकिया दो चिट्ठियाँ डाल गया।

"यह डाकिया भी साला खूब है, साम को डाक लेकर आता है।" बहादुर बोला।

"अरे तो कौन रोज हमें कोई चिट्ठी लिखता है। अरे छठे-छमाहे कोई चिट्ठी आ जाती है, वह चाहे दोपहर को आए, चाहे साम को।"

"अरे हमारी चिट्ठी नहीं आती है तो क्या, लोगों की तो आती है।"

"हाँ, यह तो ठीक कह रहे हो। सरमा जी की रोज बहुत-सी चिट्ठियाँ आती हैं। वे बहुत दुखी हैं इस डाकिए से। उससे एक दिन कह रहे थे कि तुम इतनी देर से चिट्ठी लाते हो, इससे हमारा बड़ा नुकसान होता है। कभी-कभी तो उसी दिन की साम को कोई परोगराम होता है–चिट्ठी लेट मिलने से वहाँ पहुँच नहीं पाता। कभी-कभी चिट्ठी बहुत जरूरी होती है, उसी दिन उसका जवाब देना होता है। देर से चिट्ठी मिलने पर कोई कैसे जवाब दे सकता है और डाक भी एक ही लाते हो। साम की डाक दूसरे दिन बाँटते हो।"

"डाकिया बोला–'बाबूजी, अकेला आदमी हूँ, क्या करूँ? एक तो डाक लेट आती है, दूसरे इतनी बड़ी एरिया है, यहाँ तक पहुँचते-पहुँचते देर हो जाती है। बाबूजी, पहले इस एरिया में सौ घर थे अब हजारों हो गए हैं। मैं क्या करूँ? आप लोग लिखकर सिकायत क्यों नहीं करते?' और वह मस्ती से चला गया।

" 'हाँ भाई, ठीक ही कह रहा है। सरमाजी बोले थे।' "

"ठीक नहीं, खाक कह रहा है। मैं तो रोज देखती हूँ कि कई दूकानदार और दलाल एक दूकान की खाली जमीन में बैठे हुए तास और जुआ खेलते रहते हैं। यह चिट्ठी लेकर आता है, वहीं बैठ जाता है और खेल में सामिल हो जाता है।"

"हाँ, और वहाँ से छूटता होगा तो खाने चला जाता होगा और फिर

जनाब इतमिनान से डाक बाँटने चलते हैं।"

"अरे तो इसकी सिकायत क्यों नहीं करते?"

"सिकायत? अरे अभी तो देर से ही सही, चिट्ठियाँ दे तो जाता है, तब तो सभी चिट्ठियाँ रास्ते में ही फेंक देगा, चाहे ले जाकर चूल्हा जला देगा।"

"अरे सबसे मजे में तो दलाल ही हैं न, गाँठ का कुछ नहीं लगता, बस इधर का माल उधर करते रहते हैं और दस-पाँच मिलकर तास-जुआ खेलते रहते हैं, सराब पीते हैं और पैसे भी बटोरते हैं।" बहादुर बड़बड़ाया।

"हाँ, इस मोहल्ले में पहले तो दो-एक थे, अब तो कितने हो गए हैं।"

"अरे वही क्यों, अब तो कितनी आबादी हो गई है। पहले बाजार वाली सड़क सुनसान पड़ी थी, अब दोनों ओर दूकानें बन गईं, कितनी दूकानें, कितनी तरह की दूकानें और देखो न, जहाँ सुनसान खेत थे वहाँ मोहल्ले के मोहल्ले खड़े हो गए। इसलिए दलालों की बन आई है।"

"एक बात है, पहले सुनसान तो था लेकिन ठीक था। अब जितनी आबादी बढ़ रही है उतनी ही गुंडई बढ़ती जा रही है।"

"हाँ, यह तो है। लेकिन गुंडों का क्या? वे तो कहीं भी हो सकते हैं। दोस्तों में, दुस्मनों में, आवारों में, साहबों में।"

"ए दीपा!"

"अब कौन आया?"

"ए दीपा!"

"अरे यह तो सोमू दलाल की बीबी पियारी है।"

'ए दीपा', कहती हुई वह आँधी-पानी की तरह अंदर घुस आई।

"अरे कलमुँही, तू घर में घुसी हुई है और हम लोग कई दिन से तुम्हारा रास्ता देख रहे हैं कि अब आती है, तब आती है।"

"इसकी तबियत खराब हो गई है बहन जी!"

"तबियत खराब हो गई है बहन जी!" मुँह चिढ़ाते हुए पियारी ने कहा। फिर बोली, "अरे कोई दीन-ईमान भी होता है आदमी का। पैसे लेकर बैठ गई।"

"चुका दूँगी बहन जी!"

"आ हा हा हा, चुका दूँगी बहन जी! ऐसी रहती कातनहारी तो काहे

को फिरती देह उघारी। अरे तू चुका चुकी। पूरे मोहल्ले में तो तेरी थूड़ी-थूड़ी हो रही है। मुझे देखकर तुम्हारे पड़ोस के सारे दूकानदार पूछने लगे, 'कहाँ जा रही हैं बहन जी!' मैंने बताया तो कहने लगे, 'अरे वह दे चुकी। किसी दूधवाले के दस रुपए बाकी हैं, किसी उपलेवाले के पाँच रुपए बाकी हैं, किसी सब्जीवाले के आठ आने बाकी हैं, किसी का कुछ, किसी का कुछ बाकी है।' मैं तो घबरा गई।

"अरे ऐसा भी कर्ज-खौका कोई होता है। कहती है–चुका दूँगी। तू क्या चुकाएगी! अरे काम करके चुका सकती थी सो तू या तो घर में छिप जाती है या मोहल्ले से बाहर भाग जाती है। अरे तुझे भी कीड़े पड़ेंगे, अभी तो मरद के ही कीड़े पड़ रहे हैं!"

"बहन जी चुप रहिए! बकवास मत कीजिए! आपका कोई पैसा-वैसा मेरे जिम्मे नहीं निकलता!"

"क्यों रे बेईमान, सौ रुपए दिए थे। वह भूल गई।"

"सौ रुपए दिए थे, वे काम में कट गए।"

"आ हा हा, कट गए! और उसका सूद तेरा बाप देगा?"

"तेरा बाप देगा। सूद-फूद के पैसे मैं नहीं जानती। उसकी बात आपने नहीं की थी।"

"नहीं की थी तो क्या हुआ, कर्जा बिना सूद के दिया जाता है? मेहनत के पैसे पचा नहीं पाओगी दीपा, वे फोड़-फोड़कर तुम्हारे अंगों से निकलेंगे।"

"अरे बड़ी मेहनत के पैसे हैं! दलालों को जैसे मैं जानती नहीं? दिन-भर जुआ खेलते हैं और इनका मकान उनको, उनकी जमीन इनको दिला देते हैं। इतनी कमाई और इमानदारी का पैसा भला दूसरा और क्या हो सकता है?"

"देख ले बहादुर, तेरी यह छम्मकछल्लो जो इतना बढ़-चढ़कर जो बोल रही है न, उसका फल तुम्हें भोगना पड़ेगा। मैंने तुम्हारा यह महल न गिरवा दिया तो मेरा नाम पियारी नहीं है।"

"अच्छा जा जा, जो करना है कर लेना। जब तुम्हारा एक पाई मेरे पास नहीं है तो डरूँ क्यों। सूद लेंगी सूदखोर कहीं की।"

वह पाँव पटकती हुई चली गई।

"दीपा, तुम क्यों सबसे उलझ जाती हो!"

"तब क्या सबकी गालियाँ सुनती रहूँ? जितना दबोगे ये उतना ही दबाएँगे। माना कि हम मजबूर हालत में हैं, लेकिन हम आदमी तो हैं। किसने किसी का पैसा नहीं खाया होगा, कौन इमानदारी का ठीका लिए हुए है? जो जितना ही इज्जतदार बनता है वह उतना ही बड़ा धोखेबाज़ है, वह दूसरों का उतना ही ज्यादा खाकर बैठा हुआ है। लोग वहाँ लड़ने नहीं जाते। बेसहारा जानकर हमारे पास चले आते हैं। सबके घर का हाल मैं जानती हूँ। यह समझ लो बहादुर कि हम जितना ही डरेंगे उतना ही लोग धमकाएँगे, डराएँगे। मेरे पास पैसा होगा तो दूँगी, नहीं तो किसी को एक पैसा नहीं दूँगी, जिसे जो करना हो कर ले।"

"जो मन में आए करो, तुम मेरा समझाना थोड़े समझती हो।"

दीपा चुप रही।

"जानती हो इसका लड़का मोहल्ले का दादा है, उसे तुम्हारे पीछे लगा देगी तो हैरान हो जाओगी।"

"जानती हूँ। इतने दिनों से उसके यहाँ काम कर रही हूँ, नहीं जानूँगी? लेकिन मैं बाबुओं के घरों की वे लड़कियाँ नहीं हूँ जो छेड़ी जाने पर डरकर सुसुकती हुई घर भाग जाती हैं। मैं तो उस गुंडे का मुँह नोंच लूँ। साला, एक बार मेरी ओर लपका था, उसका मुँह नोच लिया था। कहता फिरा कि लड़कों से हाथापाई हो गयी थी।"

"लेकिन दीपा, वह मरद है, उसके साथ दस गुंडे हैं। वह चाहेगा तो हैरान कर देगा। वह बचा गया, यह बात और है।"

"क्या हैरान कर देगा बहादुर! आखिर जान से बड़ी क्या चीज होती है? जब उसका मोह छूट जाए तो कोई कुछ नहीं कर सकता। फिर आदमी डरता नहीं और जो डरता नहीं, उसका कोई क्या बिगाड़ लेगा! वे मुझसे टकराए तो जान दे दूँगी या एक की ले लूँगी।"

"अच्छा-अच्छा, तू बड़ी आई झाँसी की रानी!"

"और क्या?"

"अरे देखो, बात-बात में वे चिट्ठियाँ तो रह ही गईं। देख न, कहाँ से आई हैं? क्या लिखा है?"

"अरे हाँ, तो इन कमीनों की चर्चा में चिट्ठी तो रही गई।"

उसने एक चिट्ठी खोली। अटक-अटककर पढ़ना शुरू किया और मतलब यह निकला कि बहादुर की बहन की विदाई होनेवाली है, रुपए चाहिए।

"हे भगवान, यह कोई नहीं देखता कि बहादुर मर रहा है कि जी रहा है, अकेली औरत दिन-रात रोटी के लिए खट रही है, बस रुपए चाहिए। दिल्ली में होने से लोग समझते हैं कि पैसे का कोई पेड़ लगा रखा होगा!"

"हुँह, विदाई होनेवाली है ननद रानी की? बड़ा बढ़िया सलूक किया है न मेरे साथ!"

"अरे अब सलूक की बात छोड़ो दीपा, पैसे होते तो सलूक-वलूक की बात कौन सोचता? आखिर बहन है। घर में टुन्न-फुन्न चला ही करता है।"

"हुँह, बहन है! अरे बहन है कि चुड़ैल है। पैसे होते तो भी एक पैसा नहीं भेजती।"

"देख दीपा, तू मेरी बहन को चुड़ैल बना रही है! आखिर वह मेरी बहन है, मेरी माँ मेरी माँ है, कुछ भी हो जाए, क्या कहीं रिस्ता बदल जाता है?"

"अरे तो भेज दो रुपए।"

"कमाता होता तो भेज ही देता दीपा! अब इस सड़ियल आदमी की औकात ही क्या रही? किसी तरह दूसरों के रहम के भरोसे जी रहा हूँ।" उसका गला भर आया।

दीपा कुछ नहीं बोली।

"अब दूसरी चिट्ठी पढ़ दीपा।"

"अरे हाँ।" उसने दूसरी चिट्ठी खोली। वह उसके बाप के यहाँ से आई थी। हालचाल लिखने के बाद लिखा था कि उसका भाई महावीर पकड़ा गया। बंबई से पकड़कर लाया गया है। अब मुकदमा चलेगा, पता नहीं क्या होगा?

दीपा रोने लगी।

बहादुर देखता रहा। फिर दीपा के बालों में हाथ फेरता बोला, "मत रो दीपा, अभी तो मुकदमा चलेगा और मुकदमे में बहुत हुआ तो दो साल की जेल हो जाएगी। और क्या?"

दीपा उसकी गोद में गिरकर हबसने लगी। खूब रो चुकी तो चुप हो गई।

फिर बोली, "तुम कहो तो ननद की विदाई के लिए कहीं से इंतजाम करूँ।"

"क्या करोगी?"

"किसी के आगे हाथ जोड़ूँगी, कोई और काम छोड़ूँगी, कोई नया काम पकड़ूँगी, कुछ-न-कुछ करूँगी।"

"नहीं दीपा नहीं, तुम पर इतना जुलुम मैं सह नहीं पाऊँगा। तुमने मेरे लिए जितना किया है— उतना कौन औरत अपने मर्द के लिए करती है! तुम्हारी बेइज्जती मेरी आँखों के सामने हो रही है और मैं कुछ नहीं कर रहा हूँ। मैं समझ रहा हूँ कि तुम्हारे भीतर कितने घाव हैं। तुम तो मेरे घाव को कितने दिनों से अपने प्यार से सेंक रही हो और मैं तुम्हारे घावों को बढ़ाता ही जा रहा हूँ।"

"नहीं नहीं, ऐसा मत कहो। ऐसा कहने से ही मेरे घाव बढ़ेंगे।"

"मैं सोचता हूँ तुम एक बार अपने पीहर हो आओ। अपने पिता जी को दिलासा भी दे आओगी और इस नरक से कुछ दिन के लिए छुट्टी भी पा जाओगी।"

"चली जाऊँ?"

"हाँ, चली जाओ।"

"तुम मेरी पीठ पर बैठ पाओगे?"

"तुम्हारी पीठ पर! मगर क्यों?"

"तुम्हारे बिना मैं कैसे जा पाऊँगी? तुम्हें छोड़कर मैं जा सकती हूँ क्या?"

"धुत् पगली, अरे मैं रह लूँगा, मैं इतना अपाहिज थोड़े ही हूँ।"

"चुप रहो," उसने डपटा, "ऐसी अंटसंट बातें मत किया करो। बड़े आए रह लेनेवाले। मैं नहीं जाती।"

"अच्छा बाबा, अच्छा! बोलो, अब तुम्हारी तबियत कैसी है?"

"ठीक हूँ। मेरी तबियत को क्या हुआ था, बस आराम का दिन था। तुमने कहा आराम करो, मैंने आराम कर लिया। बस।" वह मुस्कराई।

"अपने को इतना मत तोड़ दीपा !" बहादुर ने दर्द-भरे स्वर में कहा।

"ओह साम हो गई।" कहकर दीपा उठी। खाट का दरवाजा हटा दिया। टाट का परदा ऊपर उठा दिया। हवा अब भी काफी गरम थी।

वह सड़क के नल पर पानी भरने गई। नल पर कई औरतों ने टोका– क्या बात है दीपा, आज बहुत औरतें तुम्हारे यहाँ लड़ने आ गई थीं।

"और तुम लोगों का यही काम है कि लोगों के घरों में आनेवालों का हिसाब रखो। कहीं मुंसीगीरी कर लो।" और इसी बात पर काफी कौआरोर हुआ।

"अरे सबका खा-खाकर बैठ गई है और पूछने पर छौंछिया रही है। मोहल्ले को बदनाम कर रखा है।"

"सबके घर की पोल खोल दूँ तो सब नंगी हो जाओगी। मैं किसी के मामले में नहीं पड़ती, तुम लोग भी मेरे मामले में न पड़ा करो। मैं किसी के यहाँ मदद माँगने नहीं आऊँगी।" कहकर वह पानी उठाकर गुस्से से चली आई।

"ओह ! इतना गुमान अपाहिज की इस बीबी को !" औरतें बड़बड़ाती रहीं।

घर आकर उसने चूल्हा जलाया। आग बुझ गई तो गुस्से से लकड़ियों को पाँव से ठोकर मारकर इधर-उधर बिखेर दिया।

"क्या बात है दीपा ?"

"हरामी लकड़ियाँ · · ·!" वह उठी। मिट्टी के तेल की बोतल उठा लाई। लकड़ियों पर भभकाया। दियासलाई लगाई, भभककर जल उठीं। लकड़ियों के उजाले में दीपा का तमतमाया मुँह और लाल हो उठा।

"हरामजादियाँ · · ·"

"क्या बात है दीपा ?"

"कुछ नहीं, यही हरामजादी पड़ोसनें बेबात की उलझ जाती हैं। लेना न देना, दुनिया-भर का हिसाब। एक-एक को फूँक दूँगी।" कहकर उसने लकड़ियों को बेरहमी से एक-दूसरे के ऊपर ठेल दिया।

खाना-वाना बना चुकी तो दिसा-मैदान चली गई। फिर नहाई। नहाने पर उसका दिमाग कुछ ठंडा हुआ।

"खाना बन चुका है, डोल-डाल जाना हो तो हो आओ।"

"हाँ, जाना तो है।" कहकर वह उतरा और सरकता हुआ अँधेरे मैदान की ओर चला गया। कुछ देर बाद बदहवास-सा सरकता हुआ आया और बोला, "दीपा, लगता है उस अँधेरे में कुछ लोग एक औरत को पकड़े हुए हैं। मैंने सुना कि सब कह रहे थे कि चिल्लाओगी तो यहीं गाड़ देंगे। उसका मुँह बंद किए हुए हैं क्योंकि उसके मुँह से ओ-ओ की आवाज निकल रही है। एक बार मैंने सोचा कि ललकारकर आगे बढ़ूँ लेकिन अपनी औकात देखकर चुप रह गया। अगर मेरे पहले दिन रहे होते!" वह भय से काँप रहा था और दीपा भी डर से जड़ हो गई थी।

"लेकिन कुछ करना चाहिए दीपा!"

"क्या किया जाए?"

"पुलिस को रपट की जाए।"

"तब तक तो न जाने क्या हो जाए?"

"हाँ, यह भी ठीक है। यहीं से हल्ला किया जाए। लेकिन उससे तो हम लोग पहचान में आ जाएँगे और इसका बदला वो हमीं लोगों से लेंगे।"

"हाँ, यह भी ठीक है। अच्छा मैं उधर जाकर हल्ला करता हूँ और तुम कुछ पड़ोसियों से कहो कि तैयार होकर आ जाएँ।"

"ठीक है।" कहकर दीपा चली गई और बहादुर सरकता हुआ अपने घर से कुछ दूर जाकर तरह-तरह की आवाजों में ललकारने लगा— "घेर लो गुंडों को, जाने न पाएँ। हाँ, तुम उधर से आओ, तुम उधर से घेरो। मारो सालों को घेर कर।" ··· तब तक कुछ और पड़ोसी आ गए।

वे आगे बढ़ने ही वाले थे कि औरत भागती हुई आई और उनके बीच गिर पड़ी।

उसे होस आया तो लोगों ने पूछा, "क्या बात है?"

वह हलहल-हलहल काँप रही थी। उसने बताया कि वह रोज जाती थी, कभी कुछ नहीं हुआ। आज चार लौंडों ने घेर लिया और कुकरम करने की कोसिस करने लगे। मेरा मुँह दबा दिया था। आप लोगों की आवाज सुनकर भागे। आप लोगों ने मेरी रच्छा की।" वह रोने लगी।

"रोओ नहीं, रच्छा करनेवाला भगवान है। कहाँ रहती हो? चलो, पहुँचा

आते हैं।"

"क्या जमाना आ गया है।" बहादुर बुदबुदाया।

"चलो, खाना खा लो।"

"चलो भाई, यह काम भी कर लें।"

"दीपा!"

"हाँ।"

"कहाँ सोया जाए?"

"जहाँ रोज सोते हैं।"

"बाहर? बाहर तो मुझे डर लग रहा है।"

"क्यों? इतने कमजोर हो गए हो?"

"नहीं, मैं अपने लिए नहीं तुम्हारे लिए डर रहा हूँ।"

"मेरे लिए क्यों?"

"अरे, आज जो कुछ हुआ है वह कितना डरावना है। उन गुंडों को यहाँ तक पहुँचने में क्या कठिनाई हो सकती है?"

"तो कहाँ सोया जाए?"

"अंदर।"

"बिना दरवाजे के घर के अंदर पहुँचने में उन्हें कौन कठिनाई हो सकती है? जैसे बाहर वैसे अंदर।"

"हाँ, यह भी ठीक ही कह रही हो। तो बिछाओ, बाहर ही सोते हैं।"

दीपा ने बाहर खाटें डाल दीं। दोनों अपनी-अपनी खाट पर लेट गए।

"दीपा!"

"हाँ।"

"डर तो नहीं लग रहा है?"

"नहीं। तुम डरते हो क्या?"

"अरे नहीं, मुझे क्या डर? मैं तो अब भी लाठी उछाल सकता हूँ, मैं तो तुम्हारे लिए चिंतित हूँ।"

दीपा मुस्कराई। बोली, "मेरी चिंता मत करो। मैं देख लूँगी।"

कुछ देर यों ही बीता। शायद दोनों अलग-अलग कुछ सोच रहे थे। दीपा लेटी थी। उसका मन कहाँ-कहाँ भटक रहा था। आज का पूरा दिन

उसके भीतर लौट आया था— और उसे मथ रहा था। कल सवेरे फिर उसे काम पर निकलना है— फिर वही सुबह से रात तक का चक्कर ··· भाई पकड़ा गया, उसी के कारण उसका यह हाल हुआ, पता नहीं उसका क्या होगा।

कैसे-कैसे लोग उसकी जिंदगी से गुजरे हैं–वे बारी-बारी फिर उसके सामने से गुजरने लगे।

बाहर कुछ खटका। बहादुर सायद सो गया था।

'कौन होगा?' दीपा चौंकी, 'दलाल का गुंडा लड़का तो नहीं आ गया। आएगा तो उसे समझ लूँगी।' उसने साहस के साथ सोचा लेकिन फिर भी भीतर तक काँपती चली गई। एक नहीं दो हुए, दो नहीं तीन हुए, चार हुए तो वह क्या कर लेगी? उसे हल्की-सी नींद आ गई। सपने में उसे लगा कि चार आदमी उसे पकड़कर खींच रहे हैं।

"बसंत!" वह जोर से चिल्लाई।

"क्या है दीपा?" बहादुर चौंककर बोला।

"ओह, कुछ नहीं। एक सपना देखा था।"

"तुम बहुत डरी हुई हो। सपने में बसंत-बसंत चिल्ला रही थीं।"

"मैं बसंत-बसंत चिल्ला रही थी?" वह थोड़ा सकुचाई, "अरे हाँ, सपना ही कुछ ऐसा था। सपना देखा कि कुछ काले-काले लोग मुझे पकड़े हुए चले जा रहे हैं। मैं तुम्हें पुकार रही हूँ। तुम उठ नहीं पा रहे हो। तब तक कहीं से बसंत आता हुआ दिखाई पड़ता है। उसे पुकारती हूँ। वह एक बार देखता है, कुछ आगे बढ़ता है फिर मुड़कर जाने लगता है। मैं जोर-जोर से उसे पुकारने लगती हूँ।"

"सपने भी कितने अजीब होते हैं और कितने झूठे।"

"झूठे क्यों?"

"अब यही देखो दीपा, अगर तुम सचमुच गुंडों से बचाव के लिए बसंत को पुकारतीं तो इस तरह मुँह फेरकर क्या वह चला जाता? सपने में तो चला गया।"

"नहीं बहादुर, मुझे लगता है कि वह जागते में भी मुँह फेरकर चला जा सकता है। अब वह वह बसंत नहीं रहा। अब वह साहब बन गया है।

देखो, जब से साहब बना है इधर कभी आया ?"

"हाँ आया तो नहीं, लेकिन उसकी अपनी मजबूरियाँ हो सकती हैं दीपा ! या हो सकता है तुमने ही कुछ कह-सुन दिया हो।"

दीपा काँप गई। उस रात की घटना एकाएक उसके भीतर कौंध गई। हाँ, उस घटना के बाद उसका आना एकदम कम हो गया था और अब एक तरह से बंद ही हो गया।

'वह तुझसे डरता है दीपा, तुम्हारी भूख से डरता है।' वह मन-ही-मन चिल्लाई। लेकिन बाहर-बाहर बोली, "नहीं, बहादुर, मुझसे कोई कहा-सुनी नहीं हुई। मैंने कहा न कि अब वह साहब हो गया है। अब उसे बड़े लोगों के बीच घूमने से छुट्टी मिले तब न गरीब की कुटिया में आएगा। आदमी बड़ा होकर घमंडी बन जाता है।"

"तुम उस भले आदमी पर इतना जुलुम क्यों ढा रही हो दीपा, मुझे नहीं मालूम। उसने तो भरसक हमारी सहायता ही की है। अपना सारा दरद ढोते हुए हमारे दरद को खींचने की कोसिस करता रहा है। तुम उसके दरद को नहीं पहचानतीं दीपा !"

"वह बताए तब न कोई जाने, वह तो रिसी-मुनी की तरह अपने बारे में चुप ही रहता आया है। पूछने पर भी कभी कुछ नहीं बोला।"

"दरद चारों ओर बोलने के लिए नहीं होता दीपा ! मैंने भी कितनी बार उसे जानना चाहा, लेकिन वह अपने बारे में चुप ही रहा, बस उसकी आँखों से, उसके गीत से कोई तकलीफ झाँकती रही।"

फिर एक चुप्पी छा गई।

दीपा को बहुत देर तक नींद नहीं आई। देवी-कीर्तन फिर शुरू हो गया था—

मैया मैनूँ लाल बख्श दे ! · · ·

बार-बार यह पंक्ति रेकार्ड पर बज रही थी और वहाँ से उड़कर दीपा के दिमाग से टकरा रही थी— लाल · · · बहादुर · · · बसंत · · ·

बसंत का नाम आते ही वह फिर भीतर तक सिहर गई। धीरे-धीरे उसमें एक उत्तेजना भर गई और एक अलग दुनिया में खो गई।

न जाने कब दो कुत्ते खाट के दरवाजे की बगल से भीतर घुस गए

और एक-दूसरे से लड़ने लगे और लड़ते-लड़ते खाट को गिरा दिया। 'दुस्सालो !' बहादुर ने अपनी लाठी फेंककर मारी। दोनों पोऊँ-पोऊँ करते भागे।

"क्या है ?" दीपा जैसे सपने से चौंककर बोली।

"साला दरवाजा न होने से जिसका जी होता है घुस आता है—कुत्ते, सूअर, बिल्ले और न जाने कौन-कौन !"

दीपा ने सुना और मन-ही-मन दुहराया— कुत्ते, सूअर, बिल्ले और न जाने कौन-कौन · · ·

उसकी जिंदगी भी तो बिना दरवाजे का मकान बन गई है !

• • •